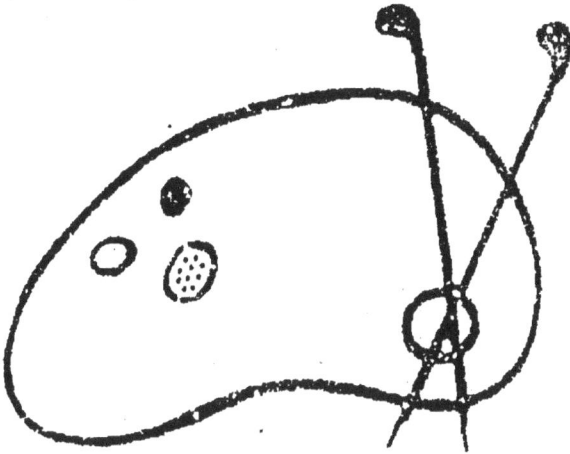

Couvertures supérieure et inférieure
en couleur

BIBLIOTHÈQUE DE LA JEUNESSE CHRÉTIENNE
5e SÉRIE

PIERRE REBOUL

PAR

THÉOPHILE MÉNARD

TOURS
ALFRED MAME ET FILS, ÉDITEURS

BIBLIOTHÈQUE

DE LA

JEUNESSE CHRÉTIENNE

APPROUVÉE

PAR Mᵍʳ L'ARCHEVÊQUE DE TOURS

———

4ᵉ SÉRIE IN-12

Elles s'étaient approchées de la boutique, et Petit - Pierre
leur avait offert timidement ses marchandises. (P. 41.)

PIERRE REBOUL

PAR

THÉOPHILE MÉNARD

TOURS

ALFRED MAME ET FILS, ÉDITEURS

—

1877

PIERRE REBOUL

CHAPITRE I

La pièce de cinq francs de la grand'mère.

C'était un véritable enfant de la Savoie,
gros garçon joufflu, trapu, au teint frais et
vermeil, aux yeux clairs et intelligents, à la
bouche souriante et montrant, entre deux
lèvres de corail, deux rangées de dents
blanches comme ivoire.

Son nom était Pierre Reboul; mais, soit
à cause de sa petite taille, soit pour le distinguer de son oncle et parrain, qui portait le même non, on l'avait surnommé
Petit-Pierre, et on ne le désignait pas autrement dans la famille et dans le pays,

c'est-à-dire dans le village où il était né, et qui était situé aux environs d'Annecy, dans la haute Savoie.

Petit-Pierre était orphelin de père et de mère; il avait perdu ses parents dès sa plus tendre enfance, et à peine en avait-il conservé le souvenir. Il avait été élevé chez sa grand'mère, la veuve Reboul, et par les soins de son oncle, Pierre Reboul dit le Grand-Pierre, à cause de sa taille élevée.

Cet oncle avait longtemps habité Paris avec Louis, son frère aîné, le père de Petit-Pierre. Ils y exerçaient ensemble la profession de commissionnaire, au coin de la rue Croix-des-petits-Champs, près de la place des Victoires, et, par leur probité, leur intelligence et leur exactitude, ils s'étaient fait honorablement connaître des nombreux négociants qui habitent cette place et le quartier environnant.

Cette association fraternelle dura jusqu'à ce que Reboul l'aîné, pendant un des voyages qu'il faisait de temps en temps au pays pour voir sa mère, et lui apporter une partie de ses économies, se fût décidé, sur les instances de la bonne femme, à se fixer auprès d'elle et à se marier. Mais, quatre ans après, les nouveaux époux moururent à quelques mois l'un de l'autre, laissant de leur mariage un seul rejeton : c'était Petit-Pierre.

Force fut alors à l'oncle de revenir à son tour au pays, pour prendre soin de sa vieille mère et du jeune orphelin. Il se maria aussi, et, au bout de quelques années, il se trouva père d'une petite famille composée de quatre enfants, deux garçons et deux filles, ou plutôt, comme il le disait lui-même, de cinq enfants, dont l'aîné était Petit-Pierre.

L'oncle Reboul était un homme de bon sens, et, quoiqu'il ne sût ni lire ni écrire, il n'en appréciait pas moins la valeur de l'instruction. Combien de fois, surtout lors-

qu'il exerçait son métier de commissionnaire, n'avait-il pas eu occasion de regretter
son manque de savoir et de maudire son
ignorance ! Aussi résolut-il de procurer à son
neveu, et plus tard à ses enfants, à mesure
qu'ils seraient en âge, au moins ces connaissances élémentaires si nécessaires dans
toutes les conditions de la vie. Il envoya
donc Petit-Pierre à l'école, et celui-ci, qui ne
manquait ni d'intelligence ni de bonne volonté, fit des progrès rapides.

Lorsqu'il eut atteint sa douzième année,
et qu'il eut fait sa première communion, un
beau matin son oncle l'appela et lui dit :
« Petit-Pierre, mon garçon, te voilà presque
un homme; tu ne peux pas rester plus longtemps au pays, où tu ne saurais trouver à
gagner ta vie ; il faut, comme les autres,
aller chercher fortune en France et à Paris.
A ton âge, il y avait déjà deux ans que j'ha-
bitais cette grande ville, et je la connaissais
presque aussi bien qu'Annecy. Ton père,

mon pauvre frère, y était allé plus jeune encore; et c'est lui qui m'y a servi de guide et de protecteur. Je voudrais pouvoir te rendre aujourd'hui le même service, et ce serait avec grand plaisir que je le ferais, si je n'étais obligé de rester ici pour avoir soin de notre mère, qui n'a plus que moi pour l'aider dans ses vieux jours. Mais ça n'empêche que tu n'arriveras pas là-bas comme un inconnu; je te recommanderai au cousin Hubert, à qui j'ai cédé ma médaille et notre place de commissionnaire, quand je suis revenu au pays, à charge de la conserver et de la transmettre à toi et à mes enfants, quand il voudrait quitter le métier; c'est lui qui te pilotera et qui te donnera de bons conseils, et, si tu les suis, tu ne peux manquer de réussir. Eh bien! qu'en dis-tu, mon garçon? ça te va-t-il? »

Petit-Pierre avait écouté attentivement son oncle. L'idée d'aller en France et de voir ces grandes et belles villes dont on lui

avait raconté tant de merveilles, faisait
battre son cœur de plaisir et exaltait son
imagination. L'épanouissement de ses traits
témoignait la joie que lui causait l'annonce
de son prochain départ. Cependant une chose
l'inquiétait un peu, et il s'empressa d'en
faire part à son oncle. « Je suis bien content, lui dit-il, d'aller à Paris, où je re-
trouverai plusieurs de mes petits camarades ;
seulement je ne sais pas, et vous ne m'avez
pas dit, comment je ferai pour y gagner ma
vie. Tous ceux que je vois partir d'ici ont
des moyens d'existence que je n'ai pas. Les
uns sont ramoneurs, les autres emportent
avec eux une vielle ou une marmotte; en
jouant de leur instrument, en chantant, en
dansant, en faisant voir leurs marmottes, en
ramonant les cheminées, ils gagnent de quoi
vivre pendant le voyage, et longtemps encore, à ce que j'ai entendu dire, pendant
leur séjour à Paris. Mais moi, je n'ai ni
vielle, ni marmotte, ni aucun talent d'agré-

ment, je ne sais pas même ramoner une che-
minée ; comment ferai-je donc pour me tirer
d'affaire ?

— Tu sais mieux que cela, répondit vivement l'oncle Pierre; tu sais lire et écrire,
et même passablement compter, à ce que
m'ont dit le maître d'école et M. le curé.
Avec cela tu peux faire mieux et surtout
plus honorablement ton chemin que les
montreurs de marmottes et les meilleurs
joueurs de vielle. Ce ne sont là, après tout,
que des métiers de fainéants et de men-
diants, qui ne conviennent pas à un garçon vigoureux comme toi, et qui ne crains
pas le travail. Je n'en dis pas autant, il est
vrai, du métier de ramoneur; mais c'est
une profession très-pénible, qui, d'ailleurs,
ne dure qu'une saison, et, lorsque les pau-
vres petits ne travaillent plus, souvent les
maîtres à qui on les a confiés les obligent à
demander l'aumône aux passants; et moi,
je ne veux pas que tu tendes la main pour

avoir un petit sou, comme tu le verras faire
à plus d'un enfant de notre pays; je veux
que tu ne reçoives d'argent que celui que tu
auras légitimement gagné par ton travail.

— Mais, mon oncle, objecta Petit-Pierre,
quel travail utile pourrai-je faire, puisque je
ne sais pas de métier?

— Ton métier, mon garçon, est tout
trouvé; tu seras commissionnaire comme
l'ont été ton grand-père, ton père et moi.
Le cousin Hubert te fera faire ton apprentissage, et, suivant nos conventions, te cè-
dera la place quand tes épaules seront assez
robustes pour porter les crochets. En attendant, tu l'aideras pour toutes les commissions et les petits travaux qui ne seront pas
au-dessus de tes forces; tu cireras les bottes
et les souliers sur sa sellette, tu iras porter
les lettres et les paquets peu volumineux; et,
puisque tu sais lire, tu ne seras pas obligé,
comme cela m'est arrivé trop souvent, de
faire déchiffrer les adresses par le premier

venu, au risque d'être trompé par quelque mauvais plaisant qui veut s'amuser à vos dépens. Puis, ce qui facilitera beaucoup tes relations et t'attirera promptement la confiance, c'est le nom que tu portes; dès que l'on saura dans les hôtels garnis, dans les magasins, chez les hommes d'affaires de la rue Croix-des-Petits-Champs, de la place des Victoires, d'une partie de la rue des Fossés-Montmartre et de la rue de Cléry, que tu es un Reboul, fils de Louis, neveu de Pierre, ce sera à qui te montrera le plus d'intérêt, et te donnera les commissions les plus délicates; car le nom de Reboul inspire la confiance dans tout ce quartier; et, si j'avais su lire et écrire comme toi, il n'aurait tenu qu'à moi d'entrer comme garçon de recettes dans quelque grande maison de finances, et peut-être même à la banque de France. Ainsi, mon garçon, une fois arrivé à Paris, ton avenir est assuré, si toutefois, comme je l'espère, tu continues les traditions de probité, de délicatesse et de discrétion qui ont mérité à ton nom la réputation honorable qui y est attachée. Maintenant parlons de la manière dont tu feras le voyage. Tu connais le voisin Jacques Leblond?

— Le marchand ambulant? fit Petit-Pierre.

— Oui; c'est un homme actif, intelligent, et qui fait d'une manière irréprochable son petit commerce. Il est sur le point de repartir pour la France, et, comme il a besoin d'un jeune garçon pour l'accompagner et le seconder, il m'a demandé si j'en connaissais un qui pût faire son affaire. J'ai pensé aussitôt à toi; je lui ai dit de quoi tu étais capable, et il est tout disposé à t'accepter, si cela te convient. Voici ses conditions : il te nourrira et te défraiera de toute dépense jusqu'à Paris; il te donnera même quelques petites gratifications. Pour cela, tu n'auras d'autre chose à faire qu'à l'aider à tenir ses écritures, à veiller sur son cheval et sa voiture lorsqu'il sera obligé de s'absenter pour offrir ou porter de la marchandise chez les pratiques, à faire les commissions dont il te chargera, à l'aider au déballage dans les endroits où il en a l'habitude, etc. etc. Il a même ajouté que, si tu prenais cœur au métier, et si tu voulais rester avec lui, il t'apprendrait le commerce, tu deviendrais son commis, et il te donnerait de beaux appointements; mais là-dessus, je lui ai répondu que cela n'était pas possible, parce que tu avais un état assuré qui t'attendait à Paris, et que tu ne pourrais le servir que jusqu'à ton arrivée dans cette ville. Il n'a pas insisté, et a dit qu'il se contenterait de cet arrangement. »

Petit-Pierre, comme on le pense bien, acquiesça avec joie à la proposition de son oncle. Celui-ci le mit aussitôt en rapport avec Jacques Leblond, qui lui expliqua de

nouveau les conditions auxquelles il se chargeait de le conduire à Paris, et de le remettre
entre les mains du cousin Hubert.

Il fut décidé en même temps que le départ
aurait lieu le surlendemain. Ce n'était que
quarante-huit heures pour faire les prépa-
ratifs d'un grand et long voyage; mais c'é-
tait plus que suffisant pour organiser tout le
bagage de Petit-Pierre, fort peu volumineux,
comme on le pense bien.

Si l'idée de voyager et de *voir du pays*
avait d'abord transporté de joie Petit-Pierre;
quand il vit approcher le moment du départ, il éprouva un profond chagrin en
pensant qu'il allait quitter les lieux où il
avait passé son enfance, sa vieille grand'-
mère, qu'il aimait tant, et qu'il ne reverrait
peut-être jamais; son oncle et sa tante, toujours si bons pour lui; ses petits cousins et
ses petites cousines, qu'il regardait comme
ses frères et ses sœurs. Ses adieux à sa
grand'mère furent déchirants; il fallut que

la bonne femme, quoique fort émue elle-même, lui donnât des consolations et des encouragements.

« Ne te désole pas ainsi, mon enfant, lui dit-elle : je comprends mieux que personne combien il est pénible de se séparer de ceux qu'on aime : hélas! je n'en ai fait que trop souvent dans ma vie la triste expérience; mais, puisque la nécessité l'exige, il faut bien se soumettre et offrir à Dieu ce sacrifice, en lui demandant de nous donner la résignation, et en lui répétant souvent ces paroles de la belle prière qu'il nous a enseignée : « Que votre volonté soit faite. » D'ailleurs, mon ami, les distractions que tu rencontreras à chaque instant pendant ton voyage, dissiperont bientôt ta tristesse. Puissent-elles seulement ne pas te faire oublier ceux que tu laisses ici, et qui penseront toujours à toi! Puissent surtout ces distractions ne jamais te faire oublier tes devoirs de chrétien, ni te faire perdre les grâces que tu as

reçues dernièrement avec les sacrements de
l'eucharistie et de la confirmation! Voilà les
vœux que je fais pour toi, et que j'accom-
pagne de ma bénédiction maternelle. » Et
en disant ces mots elle fit sur la tête de
l'enfant le signe de la croix; puis, après
l'avoir embrassé tendrement, elle lui donna
un chapelet, une médaille de la sainte Vierge
et une pièce de cinq francs. « Chacun de ces
objets, lui dit-elle, sera pour toi le sujet d'un
pieux souvenir : ce chapelet, bénit par mon-
seigneur l'évêque d'Annecy, est celui que
j'ai reçu de ce saint prélat lors de sa première
visite pastorale dans notre paroisse ; cette
médaille m'a été apportée de Notre-Dame-
de-Lorette par défunt mon mari, ton grand-
père, à la suite d'un pèlerinage qu'il avait
fait à ce sanctuaire vénéré, la première année
de notre mariage; enfin, cette pièce de cinq
francs est le premier argent que ton père,
qui n'avait guère alors que ton âge, m'a
envoyé de Paris, sur ses économies. Quoi-

que j'aie souvent éprouvé de grandes priva-
tions, j'ai toujours trouvé le moyen de ne
pas me défaire de cette pièce, parce que je
tenais à la conserver pour te la remettre un
jour, comme je le fais aujourd'hui, per-
suadée qu'elle serait pour toi comme un
talisman qui te rappellerait sans cesse l'activité, l'ordre et l'économie de ton père. Je
voudrais pouvoir y ajouter une somme suf-
fisante pour que tu ne sois jamais dans la
nécessité de te séparer de cette pièce ; mais
au moins tu tâcheras, le plus qu'il te sera
possible, de la garder en réserve ; et si des
circonstances impérieuses et imprévues te
forcent à la dépenser, fais tous tes efforts pour
la remplacer, le plus tôt que tu le pourras,
par une pièce de même valeur, que tu con-
serveras avec autant de soin que la première. »

Petit-Pierre promit de suivre scrupuleu-
sement les conseils de sa grand'mère ; il
suspendit la médaille à son cou, mit le chapelet dans sa poche, et après avoir long-

temps examiné la pièce d'argent, la plus
grosse qu'il eût jamais vue, et admiré son
brillant éclat (car on eût dit qu'elle venait
d'être frappée, quoiqu'elle portât l'effigie
de Napoléon Iᵉʳ et le millésime de 1810), il
l'enveloppa d'un morceau de papier, et la
mit dans une petite bourse de cuir que son
oncle lui avait donnée. Cette même bourse
contenait déjà environ trois francs en menue monnaie, qu'il avait reçue de différentes
personnes, parents et amis auxquels il était
allé faire ses adieux. C'était là, pensait-il, un
trésor inépuisable, grâce auquel il espérait
bien n'avoir jamais besoin de recourir à sa
précieuse pièce de cinq francs.

Je vois d'ici plus d'un de mes jeunes lecteurs sourire de la simplicité de Petit-Pierre,
qui, sur le point d'entreprendre un long
voyage dont la durée sera peut-être de plusieurs années, avec une aussi faible somme
dans sa poche, n'est pas plus inquiet que
s'il avait un crédit ouvert et illimité sur tous

les banquiers des villes par où il devrait passer. Mais d'abord il savait qu'en servant activement et fidèlement son patron Jacques Leblond, il n'aurait aucune dépense à faire pendant son voyage. D'un autre côté, si, par suite d'un événement imprévu, il venait à être séparé de son protecteur, il comptait, pour se tirer d'affaire, sur ce qui vaut mieux que l'argent et le crédit, il comptait sur son travail, sur sa bonne volonté et surtout sur la protection du Ciel, qui vient toujours en aide à ceux qui savent s'aider eux-mêmes courageusement. En effet, l'amour du travail, la bonne conduite et la bonne volonté sont pour un jeune homme des trésors plus précieux que l'argent placé sur les meilleures banques de l'Europe; car avec ces qualités il peut toujours se procurer de l'argent honorablement gagné, tandis que tout l'or du monde ne saurait tenir lieu de ces mêmes qualités, encore moins les procurer à qui ne les possède pas.

Ces idées, ces principes, sont, pour ainsi dire, innés chez les enfants de la Savoie, et leur servent généralement de règle de conduite. L'histoire de Petit-Pierre nous en fournira un nouvel et remarquable exemple.

———

CHAPITRE II

Le début de Petit-Pierre dans le commerce.

Petit-Pierre partit donc par une belle matinée d'avril 1832, en compagnie de Jacques Leblond, dans une charrette ou carriole attelée d'une lourde et forte jument que son maître appelait *Bellotte*. L'enfant était fier de voyager dans un si bel équipage, en pensant que ses amis et camarades qu'il avait vus quitter le pays étaient tous partis modestement à pied.

En quittant son village, il avait les larmes aux yeux et poussait de profonds soupirs; mais, comme le lui avait prédit sa grand'-

1*

mère, la vue des objets qui se présentaient
à chaque instant devant ses regards apaisa
peu à peu son chagrin.

Ils allaient à petites journées, faisant
vingt-quatre à trente-deux kilomètres au
plus, en douze heures de temps, et encore
cette traite était coupée par une halte de
deux grandes heures. Il est vrai que l'allure de *Bellotte* était le pas lent et régulier
d'un cheval de roulage; et, quoique la
voiture ne fût pas chargée en partant, car
Leblond ne devait faire ses emplettes qu'à
Lyon, la bête changeait rarement cette allure
et seulement quand son maître l'y excitait,
soit qu'il fût un peu plus pressé que d'habitude, soit qu'il voulût profiter d'une pente
douce pour arriver plus tôt à sa halte ou à
la couchée. Alors *Bellotte* prenait un petit
trot qu'elle ne soutenait pas longtemps, à
moins de nouveaux stimulants. Mais comme
la route qu'ils suivaient était pierreuse et
mal unie, cette marche plus rapide faisait

éprouver de rudes cahots à la carriole, qui, n'étant pas suspendue, secouait les voyageurs à leur rompre les os. Petit-Pierre surtout ressentait douloureusement les effets de ces soubresauts continuels; cela lui faisait faire des contorsions qui amusaient beaucoup son compagnon. Celui-ci, loin de ralentir le pas de Bellotte, l'excitait de nouveau; puis, quand elle était bien lancée, il se tournait vers l'enfant, et lui disait en riant : « Eh bien! petit, qu'en dis-tu? Hein, que c'est agréable d'aller en voiture!

— Ma foi, maître Jacques, répondit Petit-Pierre en s'efforçant de sourire, quoique avec des larmes dans les yeux, vrai, si ce n'était l'honneur d'être en voiture, j'aimerais autant aller à pied.

— Ah! ah! ah! reprit Jacques Leblond de son plus gros rire, et en allongeant un coup de fouet à sa jument qui ralentissait le pas, tu t'y accoutumeras, mon garçon, et d'ailleurs, si tu aimes aller à pied, cela t'arrivera bientôt, et plus peut-être que tu ne voudras. »

Le quatrième jour après leur départ, ils arrivèrent à Lyon. Petit-Pierre ouvrit de grands yeux à la vue de cette ville dont les maisons étaient plus hautes que le clocher de son village. La magnificence des boutiques, la splendeur des cafés, le mouvement et l'animation de la foule, le roulement continuel des voitures circulant en tous sens, le jetèrent dans une sorte d'admiration muette qui ressemblait à de la stupeur. Cette espèce d'étourdissement dura tout le temps qu'ils mirent à traverser les beaux quartiers de la ville ; mais, après une longue marche, ils arrivèrent dans des rues étroites, sales, habitées par une population au teint pâle et à l'air souffreteux ; on n'y voyait ni brillants magasins ni beaux équipages, et on n'y entendait d'autres bruits que celui des métiers de tisserands qui retentissaient dans chaque maison. C'était le quartier des ou-

vriers en soie vulgairement appelés *canuts*.
Ils continuèrent encore à marcher; peu à peu
les maisons diminuèrent de hauteur, et ces-
sèrent même d'être régulièrement contiguës.
Enfin ils arrivèrent à l'extrémité d'un fau-
bourg, et Leblond s'arrêta devant une auberge qui avait pour enseigne *à la Croix de
Savoie*. Elle était fréquentée par bon nombre
de Savoisiens; et Leblond, qui avait appa-
remment l'habitude d'y descendre, fut reçu
comme une ancienne connaissance.

Ils restèrent trois jours à Lyon. Jacques
employa ce temps à acheter un assortiment
de rubans, quelques coupons d'étoffes de
soie, de la mercerie et différents autres articles de son commerce. Enfin, comme ces
objets n'étaient ni lourds ni encombrants, il
reçut, pour compléter le chargement de sa
voiture, d'un commissionnaire de roulage
qu'il connaissait, plusieurs ballots de marchandises à destination de Besançon et de
Bâle en Suisse, s'obligeant à transporter ces

colis à leur adresse, dans le délai fixé par les lettres de voiture.

« Tiens! lui dit le maître de l'auberge de *la Croix de Savoie*, voilà que tu fais maintenant le métier de roulier?

— Il n'est pas défendu, que je sache, reprit Jacques, de gagner sa vie honnêtement quand on en trouve l'occasion. Ma jument est robuste et peut facilement traîner une charge de douze à quinze cents; je n'ai pas acheté pour plus de deux cents pesant de marchandises : pourquoi n'y ajouterais-je pas un millier pesant d'articles de roulage pour utiliser le service que je peux tirer de mon cheval?

— Sans doute, tu as raison, et je suis loin de t'en blâmer; seulement je croyais que tu allais à Paris, et, ce qui m'étonne, c'est que tu n'aies pas pris de chargement pour cette ville, — et il n'en manque jamais, — tandis que tu en prends pour une direction presque opposée.

— Non, je ne vais pas à Paris maintenant; je vais à Mulhouse acheter en fabrique des indiennes et des toiles de coton.

— Ah ! c'est différent; alors je comprends que tu te charges de commissions pour Besançon et pour Bâle. »

Petit-Pierre, qui avait entendu la conversation, ne comprenait pas, lui, que son patron, qui s'était engagé de le conduire à Paris, prît maintenant une autre direction. Il ne put s'empêcher de lui en témoigner son étonnement quand ils se trouvèrent seuls.

« Bah ! répliqua Jacques, et qui te fait supposer que nous n'allons pas à Paris ?

— Mais vous venez de le dire à l'aubergiste.

— Ah ! parce que j'ai dit que j'allais à Bâle et à Mulhouse ? Eh bien ! qu'est-ce que cela prouve ? Apprends, bêta, que tout chemin mène à Paris aussi bien qu'à Rome. D'ailleurs je n'ai pas pris l'engagement, — et ceci est bien entendu avec ton oncle, — de te conduire directement à Paris comme le feraient les messageries royales. Les exigences de mon commerce m'obligent de voyager souvent en zigzag, de m'arrêter tantôt ici, tantôt là, de séjourner deux jours dans un endroit et huit dans un autre ; mais pourvu que nous arrivions, que ce soit dans deux ou trois mois, dans quatre ou cinq même, qu'est-ce que cela fait? Tu n'es pas à l'heure et à la minute avec ton cousin Hubert, qui ne t'attend pas à jour fixe, et qui même, je le sais, n'est pas très-pressé de te voir arriver. D'ailleurs, pendant ce temps-là, tu verras du pays, tu acquerras de l'expérience, et en arrivant à Paris tu ne seras pas novice comme ceux qui sortent de leur village pour la première fois.

— Oh! oui, sans doute, ça me fera bien plaisir de voir beaucoup de pays; seulement je crains, si notre voyage dure longtemps, d'avoir les os rompus avant d'arriver à la fin; car, vous savez, ce n'a pas été trop de ces deux à trois jours de repos pour me remettre un peu et me guérir des douleurs que m'avaient occasionnées les soubresauts de la voiture pendant les quatre jours seulement que nous avons été en route : que sera-ce donc au bout de deux à trois mois?

— Ah! ah! ah! fit Leblond, avec le gros rire qui lui était habituel, je t'entends, mon garçon! eh bien, nous mettrons un coussin bien moelleux sur la banquette pour te préserver contre le retour de pareils accidents. Mais, du reste, je te garantis que de longtemps Bellotte ne sera disposée à trotter, et qu'avec la charge qu'elle aura maintenant à porter et à traîner, elle ne songera qu'à aller bien sagement au pas. Moi-même, pour la soulager, je serai forcé de ne monter que rarement dans la voiture, et d'aller le plus souvent à pied; quant à toi, comme tu n'es pas bien lourd, tu y resteras tant que tu voudras, seulement tu descendras aux montées.

— Oh! je marcherai bien aussi, moi. J'ai

bien été plusieurs fois de chez nous à Annecy et revenu à pied, sans être trop fatigué
pour cela.

— Comme tu voudras, mon garçon; dans
tous les cas, lorsque tu te sentiras de la
lassitude, tu auras toujours à ta portée un
moyen de la soulager. »

Petit-Pierre se contenta de ces explications, et, insoucieux comme on l'est à cet
âge, le lendemain de grand matin, il se mit
gaiement en route avec son patron, sans plus
s'inquiéter d'aller tourner par Bâle pour se
rendre de Lyon à Paris. Puis la route était
magnifique, le paysage splendide. Ils suivaient les bords de la Saône, et dans cette
saison le printemps jetait tout l'éclat de ses
fleurs et de sa verdure sur les riches prairies
et sur les fertiles coteaux que l'on apercevait
de la route. L'aspect de ce paysage ravissant
remplissait l'âme de Petit-Pierre d'admiration et de bonheur. Pour mieux respirer le
parfum des fleurs, pour mieux entendre le

gazouillement des oiseaux, il voulait faire à pied presque tout le chemin de Lyon à Villefranche, qui était leur première étape, partagée, comme d'habitude, par une halte de deux bonnes heures, à moitié chemin.

Le lendemain, ils n'allèrent que jusqu'à Belleville; mais le surlendemain, la traite fut plus longue, et ils atteignirent Mâcon. Cette fois Petit-Pierre fut obligé de faire en voiture une partie du chemin; car ses petites jambes commençaient à se lasser.

Ils mirent deux jours pour aller de Mâcon à Châlon.

Jusque-là, comme on le voit, ils avaient suivi la route ordinaire de Lyon à Paris par la Bourgogne; mais, à partir de Châlon, Jacques Leblond quitta cette route, et prit celle de Verdun-sur-le-Doubs et de Seurre pour gagner Dôle et de là Besançon.

Ceux de nos lecteurs qui connaîtraient par hasard la topographie de ces contrées s'étonneront peut-être de ce que Jacques

Leblond eût préféré cette route pour aller
de Lyon à Besançon, au lieu de suivre celle
qui est plus directe et qui passe par Bourg,
Lons-le-Saunier, Poligny, Arbois et Quin-
gey. Jacques avait des raisons sérieuses pour
suivre l'itinéraire qu'il avait adopté. La route
directe de Lyon à Besançon par la Bresse
et une partie de la Franche-Comté côtoie
longtemps les flancs du Jura, et offre, dans
une grande partie de son parcours, des montées roides et difficiles, des descentes à pentes
rapides et dangereuses. Sa jument, quoique
robuste, eût été incapable, avec son chargement, de franchir ces montagnes; il eût été
fort souvent obligé de prendre des chevaux
de renfort, ce qui eût considérablement
augmenté ses frais; tandis qu'en suivant le
cours de la Saône, s'il allongeait un peu son
chemin, il n'avait à parcourir qu'une route
unie, où Bellotte pourrait, sans excès de fa-
tigue, traîner seule sa voiture.

Un autre motif encore l'avait déterminé

dans ce choix : en suivant les rives de la Saône, il devait traverser un grand nombre de localités riches et populeuses où il pourrait se défaire avantageusement d'une partie des marchandises qu'il avait achetées à Lyon, tandis qu'il n'aurait pas trouvé des débouchés aussi faciles sur l'autre route. Cependant jusqu'à Châlon il n'avait pas songé à déballer, soit parce que, sur cette route très-fréquentée, il eût rencontré une trop grande concurrence, soit qu'il eût craint que des déballages fréquents ne lui eussent fait perdre trop de temps, et ne lui eussent pas permis d'arriver à destination dans le délai fixé pour la remise des commissions dont il s'était chargé.

Quoi qu'il en soit, au moment où ils quittaient Châlon pour prendre la route de traverse qui conduit à Verdun, Jacques dit à Petit-Pierre : « Ah çà! mon garçon, c'est demain que tu vas commencer ton apprentissage de commis négociant.

— Ah! fit Petit-Pierre en ouvrant de grands yeux, et en regardant son patron d'un air étonné; et que faudra-t-il faire, maître Jacques?

— Demain, ce sera facile, parce que c'est jour de foire à Verdun, et que nous déballerons dans le champ de foire. Tu m'aideras d'abord à ranger les marchandises à l'étalage; puis tu surveilleras attentivement tous ceux qui approcheront des rayons, sans cependant avoir l'air de montrer de la défiance. Quand tu verras passer des jeunes gens, tu leur diras : « Allons, Messieurs, voulez-vous acheter de belles cravates, des foulards, des boutons de chemises? nous avons tout ce qu'il y a de plus nouveau. » Si ce sont des jeunes filles : « Mes belles demoiselles, diras-tu en prenant ton air le plus gracieux, voulez-vous de jolis rubans à la mode, des dentelles, des fichus brodés? Vous faut-il des lacets, du fil, des aiguilles, des épingles? vous n'avez qu'à parler. » Si l'on te demande de ces derniers articles, tu pourras bien les vendre ; car tu dois te rappeler que je les ai tous divisés par petits lots d'un ou de deux sous, les épingles par quarterons, les aiguilles par paquets, le fil par pelotons, etc. ; ainsi tu ne saurais t'y tromper.

— Oh ! soyez tranquille, maître, je m'y reconnaîtrai bien ; seulement je serai embarrassé pour le ruban et la dentelle...

— Aussi je ne te charge pas de ces articles-là, interrompit vivement maître Jacques ; plus tard, je ne dis pas, mais à présent ça me regarde seul ; cependant il faudra le plus tôt possible te mettre au courant des prix de ces objets, afin de pouvoir les dire aux personnes qui te les demanderaient ; mais pour la vente, tu me les renverras toujours. »

Tout le long de la route maître Jacques continua ces explications et ces instructions à Petit-Pierre. Le soir, comme ils arrivèrent de bonne heure, Leblond prépara son déballage, et fit faire à l'enfant une sorte de répétition générale du rôle qu'il devait jouer le lendemain. Il rangea sur une table tous les articles de mercerie dont il devait lui confier la vente; Petit-Pierre se plaça derrière, et Leblond figura les acheteurs, hommes et femmes. Il parut assez content de son élève, et après une demi-heure de cet exercice il l'envoya se coucher, en lui donnant des éloges pour l'encourager.

Le lendemain, Petit-Pierre montra qu'il avait profité des leçons de son maître. Quand ils furent installés sur le champ de foire, il éprouva d'abord une certaine timidité qui l'empêchait de parler aux premiers chalands qui s'approchèrent de leur boutique. Mais il s'enhardit peu à peu, et bientôt il montra autant d'assurance et d'aplomb qu'on pouvait en attendre d'un débutant de son âge. Sa physionomie heureuse, son air souriant, ses manières naïves, simples, même un peu gauches, plaisaient bien mieux que le ton

effronté, l'air hardi, le langage poli, avec
une affectation ironique, de quelques autres
jeunes commis ou marchands établis dans
le voisinage. Une bonne grosse fermière en
fit tout haut la remarque à sa fille, et ce fut
un puissant stimulant pour Petit-Pierre. Cette
femme voulait acheter un assortiment de fil,
d'aiguilles et d'épingles pour sa fille, qui
paraissait avoir une quinzaine d'années.
Elles s'étaient approchées de la boutique
de Leblond; c'était presque au début de la
foire, et Petit-Pierre leur avait offert timidement ses marchandises; la mère et la fille
y avaient jeté un coup d'œil distrait, puis
s'étaient éloignées. Jacques Leblond, occupé
d'un autre côté en ce moment, ne s'était
aperçu de rien. La fermière s'arrêta devant
une boutique voisine qui tenait le même
article. Aussitôt un jeune homme mis avec
une certaine élégance s'empressa de leur
faire des offres de service, avec un babil,
une faconde et des compliments outrés qui

firent rougir la jeune fille et mécontentèrent
la bonne femme.

« Frasie, dit-elle à sa fille, n'écoute pas
ce freluquet avec ses paroles dorées, et
allons voir notre petit joufflu ; il m'a l'air
d'un bon petit garçon, et je l'aime mieux
avec sa veste de velours que ce beau Parisien
avec son habit bleu et sa chaîne d'or pendue
au cou. » En disant ces mots, qu'elle avait
prononcés assez haut pour être entendus du
freluquet et de Petit-Pierre, elle revint vers
ce dernier. En un instant elle fit son choix,
et lui acheta pour environ trois francs de
menue mercerie.

C'était son étrenne, son premier début
dans le commerce. Avec quelle joie il remit
à son patron l'argent qu'il venait de recevoir !
Celui-ci, qui l'avait observé du coin de l'œil
pendant qu'il *faisait l'article*, reçut en souriant la monnaie et lui dit : « Bien étrenné,
petit ; allons, un peu plus de hardiesse, et
cela marchera tout seul. »

A partir de ce moment, l'enfant se sentit plus de courage, et il ne craignit plus d'adresser la parole aux chalands qui s'approchaient de sa boutique. L'étrenne de la fermière sembla lui porter bonheur; pendant le reste de la journée, il fut presque continuellement occupé, et le soir le montant de sa recette s'élevait à près de quarante francs, produit d'une multitude de petites ventes de cinq, dix, quinze, vingt, cinquante centimes au plus; car aucune n'atteignit le chiffre de celle de la fermière.

Jacques Leblond fut enchanté de son commis. « Allons, garçon, lui dit-il, ça n'a pas mal été aujourd'hui. Demain nous irons à Seurre, et là nous passerons à un autre exercice; nous verrons si tu t'en tireras aussi bien que de ton début à la foire.

— Et en quoi consiste cet exercice, not' maître? Est-ce que vous ne pourriez pas m'en faire une petite répétition d'avance,

comme vous avez fait hier? Cela m'a beaucoup aidé.

— Ce n'est pas possible, mon garçon,
parce qu'aujourd'hui nous n'avions autre
chose à faire qu'à attendre la pratique, à
éveiller son attention en passant, et à la
recevoir de notre mieux quand elle s'adressait à nous; mais, le jour que nous passerons
à Seurre, il n'y aura ni marché, ni foire;
la pratique ne viendra donc pas nous trouver, et c'est nous qui serons obligés d'aller
la chercher, en offrant notre marchandise
de maison en maison. Tu serais certainement
fort embarrassé de t'y présenter seul la première fois; et moi, je ne saurais te dire
d'avance comment il faudrait t'y prendre,
parce que cela dépend d'une foule de circonstances qu'il est impossible de prévoir :
par exemple, a-t-on affaire à des bourgeois,
à des ouvriers ou à des cultivateurs, ce sont
autant de manières différentes d'offrir sa
marchandise. Ou bien, si l'on rencontre

le maître ou la maîtresse, ou la demoiselle ou la servante, il y a encore là autant de nuances qu'il faut saisir pour se faire écouter et gagner la confiance. Il faut savoir parfois ne pas se rebuter d'un premier refus, et aussi ne pas insister mal à propos, et de manière à indisposer. Tout cela, mon garçon, je ne pourrais te l'enseigner de vive voix; l'usage seul te l'apprendra. Avant de te lancer seul, je t'emmènerai partout avec moi; tu me verras à l'œuvre. C'est la seule manière de te donner des leçons dans ce genre. »

CHAPITRE III

A tous les cœurs bien nés que la patrie est chère !

Le surlendemain, Jacques Leblond, portant un gros ballot sous le bras gauche et un mètre de la main droite, suivi de Petit-Pierre, qui portait une petite balle garnie d'articles de mercerie, parcourait les rues de l'ancienne et jolie petite ville de Seurre, bâtie sur les bords de la Saône. Ce n'était pas la première fois que Leblond venait dans cette ville, et dans toutes les maisons où il se présenta, et où l'on avait eu déjà affaire à lui, on l'accueillit honorablement, même quand on ne lui achetait rien, parce qu'on avait toujours trouvé en lui un marchand honnête et consciencieux.

Dès qu'il avait terminé quelque affaire, il se tournait vers son compagnon de voyage en lui disant : « Allons, Petit-Pierre, à ton tour maintenant, fais des offres de service à Madame (ou à Mademoiselle), et montre-lui un échantillon de tes marchandises. » Alors Petit-Pierre ouvrait sa balle, et, tout en rougissant bien fort, exhibait ses rubans, son fil, ses aiguilles, etc., en vantant de son mieux leur qualité et leur bon marché. Il était rare qu'on ne lui fît pas quelque emplette, accompagnée d'un gracieux sourire, et de quelques questions dans le genre de celle-ci, adressées à son patron : « Est-ce votre fils, ce gros garçon ?

— Non, Madame, répondait Jacques, c'est un enfant du pays, le fils d'un de mes voisins ; il est orphelin de père et de mère, et son oncle me l'a confié pour le conduire à Paris.

— Ah! le pauvre enfant, reprenait la dame d'un air compatissant, que je le plains de n'avoir plus de mère! mais vous êtes un brave homme, monsieur Leblond, et je suis sûre que vous aurez bien soin du pauvre orphelin, qui paraît si gentil et si intéressant.

— Tant qu'il restera avec moi, j'espère qu'il ne manquera jamais de rien.

— Et toi, mon enfant, reprenait la dame, sois toujours bien sage, bien honnête, bien obéissant, et le bon Dieu ne t'abandonnera jamais. »

Souvent cettte exhortation était accompagnée de petits cadeaux, consistant le plus souvent en quelques pièces de monnaie, ou bien en friandises, quelquefois en objets d'habillement ou de chaussures, lorsque la mère de famille avait un garçon à peu près de l'âge et de la taille de Petit-Pierre.

Dans la maison où Jacques Leblond était inconnu, il se présentait d'une manière si polie et en même temps si franche et si éloignée de toute affectation, qu'il gagnait facilement la confiance, et qu'il se retirait rarement sans entamer quelque affaire et sans la terminer.

En quittant Seurre, nos voyageurs se rendirent à Dôle : Jacques Leblond se proposait de passer deux ou trois jours dans cette ville, beaucoup plus importante que Verdun et que Seurre.

Le soir de leur arrivée, comme il faisait encore grand jour, et que Leblond n'avait intention de visiter la pratique que le lendemain, il voulut parcourir la ville avec Petit-Pierre, afin de la lui faire connaître d'avance, et de lui indiquer plusieurs maisons où il se proposait de l'envoyer seul d'abord.

La ville de Dôle est bâtie en amphithéâtre sur les bords du Doubs; vue de la plaine qu'elle domine, elle offre un aspect imposant. Aussi Petit-Pierre disait en l'apercevant à distance : « Oh ! la grande et belle ville que ça doit être !

« — Il ne faut pas toujours se fier aux apparences, mon garçon, répondit Jacques; tout à l'heure tu parleras peut-être autrement. »

En effet, lorsqu'il parcourut la ville, en voyant ses rues étroites, tortueuses, montueuses, boueuses, ses vieilles maisons noircies par le temps, Petit-Pierre ne put s'empêcher de s'écrier : Oh! la vilaine ville!

« — Elle n'est pas belle, c'est vrai, repartit Jacques; cependant je vais te faire voir quelque chose que tu trouveras bien beau, j'en suis sûr, et qui te plaira beaucoup. » En disant ces mots, ils étaient arrivés en haut du plateau sur le penchant duquel une partie de la ville est bâtie.

Là s'étend une charmante promenade, appelée le Cours; comme plantation, elle n'offre rien d'extraordinaire; mais ce qui la rend réellement remarquable, c'est l'admirable vue dont on y jouit. A vos pieds coule le Doubs, dont vous suivez les méandres capricieux à travers d'immenses prairies ; au delà s'étend une vaste forêt appelée la forêt de Chaux ; plus loin, c'est la vallée de la Loue, connue sous le doux nom de Val-d'Amour ; puis des plaines couvertes de riches moissons ; et enfin, à l'horizon, bien loin, vous apercevez la chaîne des monts Jura, couronnés de noires forêts de sapins, et par-dessus, comme des nuages, apparaissent quelques cimes des Alpes, couvertes de leurs neiges éternelles.

Lorsque Jacques Leblond montra à Petit-Pierre ce magnifique panorama en le lui détaillant à peu près dans l'ordre que nous venons de suivre, l'enfant, tout en trouvant ce spectacle fort beau, le regardait presque avec indifférence, en écoutant d'un air distrait les explications de son patron. Tout à coup celui-ci lui dit : « Tiens, Pierre, regarde tout là-bas, là-bas dans la direction de mon mètre (et il plaçait son mètre à la hauteur de l'œil de l'enfant, à peu près dans

la direction du sud-est). Eh bien! que vois-tu,
mon garçon ?

— Je vois ces montagnes noires que vous
appelez le Jura.

— Mais plus haut que ces montagnes, et
qui semble les toucher ?

— Je ne vois que des nuages blancs.

— Regarde bien ce que tu prends pour
des nuages, remarques-en la forme, et dans
un quart d'heure, dans une demi-heure,
demain, si tu reviens à la même place et
à la même heure, tu reconnaîtras que cette
forme est toujours restée la même et occupe
toujours la même place ; or, si c'étaient des
nuages, ils auraient certainement changé de
forme, si même ils n'étaient pas entièrement
disparus.

— Mais, si ce ne sont pas des nuages,
qu'est-ce donc?

— Regarde encore une fois avec attention, et tâche de te rappeler si tu ne te

souviens pas d'avoir vu quelque chose de semblable. »

L'enfant, après avoir de nouveau fixé attentivement ses regards sur ce point, s'écria d'une voix émue : « Mon Dieu !... on dirait...; plus je regarde, plus je crois ne pas me tromper... Mais bah ! ce n'est pas possible...

— Voyons : à quoi trouves-tu que cela ressemble ?

— Eh bien ! mais vous allez vous moquer de moi, je trouve que cela ressemble au mont Blanc, seulement il est plus petit.

— Bravo ! mon garçon ! non, tu ne te trompes pas : c'est bien le mont Blanc que tu vois, le même que tu voyais de chez nous ; seulement il te paraît plus petit, parce que nous sommes beaucoup plus loin, d'une quarantaine de lieues au moins, à vol d'oiseau. »

En reconnaissant que c'était effectivement le mont Blanc qu'il apercevait, Petit-Pierre éprouva une émotion profonde. Ses

joues se colorèrent d'un vif incarnat, ses
yeux se mouillèrent de douces larmes; son
imagination franchit comme l'éclair la distance qui le séparait de cette montagne, et
le transporta dans son village, au sein de
sa famille, auprès de ses camarades d'enfance. Tout l'attrait du paysage qui l'envi-
ronnait avait disparu ; ses yeux ne pouvaient
se détacher de cette masse blanche et nua-
geuse qui lui rappelait si vivement la patrie.

Il resta longtemps absorbé dans cette con-
templation, et il fallut que la voix de Jacques
Leblond se fît entendre à plusieurs reprises
pour lui rappeler qu'il était temps de rentrer
à leur auberge, s'ils ne voulaient pas laisser
passer l'heure du souper.

En revenant sur leurs pas et en traversant
de nouveau la ville pour regagner leur lo-
gis, Petit-Pierre ne fit plus guère attention
aux rues et aux édifices; son esprit était sans
cesse préoccupé de ce qu'il venait de voir
et des souvenirs que ce spectacle avait ré-

veillés en lui. Il y rêva pendant la nuit, et
le matin, quand son patron l'envoya seul se
présenter dans quelques-unes des maisons
qu'il lui avait indiquées la veille, Petit-
Pierre, avant de commencer sa tournée,
voulut revoir encore une fois son cher mont
Blanc. Il courut donc à la promenade, et
s'empressa de porter ses regards dans la
même direction que le jour précédent. Mais,
ô déception! il eut beau regarder avec la
plus grande attention, il n'aperçut rien...
Cependant l'air était pur et transparent, le
soleil brillait du plus vif éclat, et pas un
nuage n'apparaissait dans cette partie du
ciel... Jacques Leblond l'aurait-il trompé?
Aurait-il voulu se moquer de lui en lui
faisant croire que ce qu'il prenait pour des
nuages, et qui en étaient bien en effet,
n'était autre chose que la crête du mont
Blanc? ou bien se serait-il trompé lui-même?
car il paraissait de bonne foi, et Petit-Pierre
éprouvait une sorte de répugnance à accuser

son patron de mensonge. Il est vrai qu'il aimait à rire et à plaisanter quelquefois, mais jamais de cette manière. En tout cas, ce qui était certain, c'est que le mont Blanc ou plutôt le nuage qui en avait la forme avait disparu.

Tout en faisant ces réflexions, il rentra tristement en ville, et se disposa à visiter les personnes dont son patron lui avait donné le nom et indiqué le domicile. En se présentant au nom de Jacques Leblond, et comme son employé chargé d'annoncer son arrivée en ville, il fut bien reçu partout; il vendit même un assez grand nombre d'articles de son petit commerce spécial, et dans plusieurs maisons on le chargea de dire à son patron qu'on l'attendait pour des achats assez importants.

Ce succès avait un peu dissipé le chagrin que lui avait causé la déception qui l'attendait sur le Cours. Il se hâta, sa tournée terminée, d'aller en rendre compte à son patron; celui-ci fut très-content de ce résultat, et en témoigna toute sa satisfaction à Petit-Pierre. L'enfant, voyant son patron de bonne humeur, profita de cette circonstance pour lui dire ce qu'il avait sur le cœur, en s'y prenant toutefois de manière à ne pas le fâcher. « Oh bien! moi, dit-il d'un air moitié sérieux, moitié plaisant, si vous êtes content de moi, je ne le suis pas de vous, car vous vous êtes joliment moqué de moi hier au soir.

— Je me suis moqué de toi? reprit vivement Jacques du ton le plus sérieux; ma foi! tu me feras plaisir de me dire en quoi et comment, car pour moi je ne m'en doute pas du tout.

— Eh bien, c'est quand vous avez voulu me faire accroire que ce nuage que je voyais au-dessus du Jura était le mont Blanc : eh bien, je l'ai cru, et voilà que ce matin, en allant chez M. Valtier, dont la maison n'est pas loin du Cours, il m'a pris fantaisie de retourner sur cette promenade pour revoir notre montagne; mais bah! pas plus de mont Blanc que sur ma main; le nuage s'était dissipé, et à sa place il n'y avait qu'un beau soleil azuré sans la moindre petite vapeur.

— Non, non, petit, reprit Jacques de son ton le plus sérieux, je ne t'ai ni trompé, ni n'ai voulu me moquer de toi. C'est bien le mont Blanc que tu as vu hier soir, et si le temps continue à être beau, comme il y en a apparence, tu pourras le voir encore aujourd'hui à la même heure, à la même place et dans la même forme qu'hier, et non-seulement ce soir, mais demain, mais dans dix, dans vingt ans. Il y a longtemps que je passe par ce pays, et chaque fois je ne manque jamais d'aller le soir, un peu avant le coucher du soleil, voir la montagne au pied de laquelle je suis né; car je suis natif de Chamouny, et ne me suis établi qu'à l'âge de vingt ans dans ton village, sur les instances de ton brave homme de père, qui était mon meilleur ami. Mais il faut observer une chose : le mont Blanc n'est pas visible d'ici tous les jours ; il faut que le temps soit parfaitement clair, et encore ne peut-on le voir que quand le soleil descend à l'horizon, parce qu'alors il l'éclaire de ses rayons.

— Mais dans ce cas, insista Petit-Pierre, on devrait toujours en voir quelque chose le matin, tandis qu'on ne voit que le ciel parfaitement bleu, sans la moindre apparence de quoi que ce soit. Ainsi hier, quand nous venions de Seurre, vous m'avez montré le clocher de Dôle, qui était encore bien loin, bien loin. Lorsque le soleil l'éclairait, on le distinguait beaucoup mieux sans doute ; mais même quand il ne l'éclairait pas, on apercevait une masse noire qui ressortait sur l'azur du ciel ; or le mont Blanc est une masse bien autrement volumineuse que ce clocher : comment se fait-il qu'on ne l'aperçoive pas de même quand le ciel est pur ?

— J'avoue que je n'en sais rien ; mais

enfin cela est ainsi, et pour preuve, ce soir nous retournerons sur le Cours, et tu le verras aussi bien qu'hier. »

A l'heure dite, ils retournèrent à la promenade, et Petit-Pierre vit, comme la veille, et peut-être plus distinctement encore, les crêtes du mont Blanc. Mais avec cette curiosité tenace assez naturelle aux enfants, il voulait toujours savoir pourquoi on n'en voyait aucune trace dans les autres moments de la journée.

Comme il répétait cette question à haute voix, en renouvelant son observation relativement au clocher, sans que Jacques pût lui donner une réponse satisfaisante, un monsieur d'un certain âge, qui, tout en se promenant, avait entendu l'enfant et remarqué sa figure intelligente, lui dit en souriant : « Mon petit ami, je veux répondre à votre question, et tâcher de vous faire comprendre un phénomène fort simple d'optique. Avez-vous remarqué déjà que les objets vus dans l'éloignement paraissent beaucoup plus petits qu'ils ne le sont en effet?

— Oui, Monsieur.

— Eh bien, si ces objets s'éloignent davantage encore, notre vue, qui est bornée, finit par ne plus les apercevoir du tout; cependant, si ces mêmes objets viennent à être éclairés fortement par les rayons du soleil, on peut les apercevoir à une distance infiniment plus grande que lorsqu'ils restent dans l'ombre. Par exemple, lorsque la lune est pleine, vous apercevez en entier la surface éclairée qu'elle présente à la terre; mais quand elle est dans ses phases de croissance ou de décroissance, on n'en voit que la partie, plus ou moins étendue, éclairée par le soleil, tandis qu'on n'aperçoit rien de celle qui reste dans l'ombre; et le jour où elle *se renouvelle*, pour me servir de l'expression vulgaire, on ne l'aperçoit plus du tout, quoiqu'elle occupe toujours autant de place dans le ciel que quand elle est dans

2*

son plein ; et si l'on dirigeait alors ses regards vers l'endroit où elle se trouve, on n'apercevrait que l'azur du ciel, comme quand vous les dirigez d'ici le matin sur le point de l'horizon occupé par le mont Blanc. C'est que, dans ce dernier cas, le soleil, qui se lève de l'autre côté de cette montagne, en projette l'ombre précisément de notre côté, ce qui nous empêche de l'apercevoir ; mais l'après-midi, lorsqu'il descend vers le couchant, il frappe de ses rayons cette partie de la montagne, et c'est ce qui nous permet alors de l'apercevoir. »

L'étranger ne se borna pas à ces explications ; il les compléta en mettant entre les mains de Petit-Pierre une excellente lunette achromatique, à l'aide de laquelle l'enfant put reconnaître les anfractuosités et les divers sommets de cette partie de la chaîne des Alpes. Puis il lui fit observer qu'à mesure que le soleil descendait derrière eux au-dessous de l'horizon, l'ombre gagnait peu à peu la partie inférieure de la montagne, qui devenait invisible tandis que la cime restait colorée et parfaitement visible.

Lorsqu'il eut terminé ces expériences et ces explications, l'étranger lui dit : « Il est facile de reconnaître à votre accent, et surtout à l'intérêt que vous inspire la vue du mont Blanc, que vous êtes des enfants de la Savoie. Je ne crois pas me tromper, ajouta-t-il en regardant Jacques Leblond d'un air interrogateur, tout en souriant avec bienveillance.

— Non, Monsieur, répondit Jacques, vous ne vous trompez pas ; je suis de Chamouny, et mon petit compagnon est des environs d'Annecy.

— J'ai longtemps habité votre pays en qualité de fonctionnaire public, dans le temps que la Savoie faisait partie de la France, et j'ai toujours le plus grand plaisir à rencontrer des hommes d'une contrée où

j'ai passé les plus belles années de ma jeunesse, et où je n'ai eu qu'à me louer de
mes relations avec les habitants. Malheureusement votre pays n'offre pas des ressources
suffisantes au bien-être de tous ses enfants,
et un grand nombre d'entre eux sont obligés
d'aller exercer leur industrie dans les pays
étrangers. C'est sans doute ce motif qui vous
a fait venir en France : y aurait-il indiscré-
tion à vous demander quel est l'état que
vous exercez?

— Pas la moindre, s'empressa de répondre Jacques Leblond, enchanté de saisir
une occasion de *faire l'article;* je suis marchand ambulant; je tiens la soierie et la ru-
banerie de Lyon et de Saint-Étienne; j'ai
un assortiment de choix de gants de Gre-
noble, pour hommes et pour femmes, et
aussi un assortiment complet de mercerie; et
comme toutes mes marchandises sont achetées en fabrique et au comptant, je puis,
tout en garantissant leur qualité, les don-

ner à des prix exceptionnels. Je tiens aussi quelques articles alimentaires de premier choix, tels que saucissons de Bologne et d'Arles, olives de Provence, huile d'olive d'Aix, chocolat de Bayonne, anchois et câpres, etc. D'ailleurs je suis bien connu dans cette ville, où je passe deux fois au moins par an depuis fort longtemps, et où je fournis Mmes Valtier, Jarry, Brunel, d'Orchamps, et d'autres encore, auprès desquelles on peut prendre des informations sur la manière dont je fais mon petit commerce.

— Je vous crois, mon brave homme, reprit en souriant l'étranger, je n'irai pas aux informations, et pour vous donner une preuve de la confiance que vous m'inspirez, venez demain à dix heures du matin chez moi, et apportez un échantillon de vos marchandises. Ma femme et ma fille vous feront probablement emplette de quelques chiffons, et moi, je ne serais pas fâché de goûter à votre saucisson de Bologne et à votre chocolat. Tenez, voici mon adresse. » Il lui tendit sa carte, et s'éloigna.

Dès qu'ils se trouvèrent seuls, Jacques s'empressa de regarder l'adresse, et y lut ces mots : « M. le baron de Grosbois, propriétaire, rue des Arènes. »

« Quelle bonne idée tu as eue, Petit-Pierre, s'écria Jacques tout joyeux après avoir lu le nom inscrit sur la carte, de vouloir revenir ce soir sur la promenade ! cela va peut-être nous procurer une excellente pratique ; car j'ai souvent entendu parler de ce M. le baron de Grosbois ; c'est un richard, mais un trop grand seigneur pour que nous autres petits marchands nous osions l'aborder. Ces gros messieurs ne nous reçoivent pas d'ordinaire chez eux, comme les simples bourgeois à qui nous avons affaire habituellement, et ils font faire leurs emplettes par des intendants, des femmes de charge ou des domestiques de confiance. Enfin, quoi qu'il arrive, c'est toujours une bonne rencontre que nous avons faite là, et nous devons remercier le bon Dieu. Tiens, voilà l'*Angelus* qui sonne, allons à l'église faire notre prière. »

Et ils se dirigèrent vers l'église, qui était sur leur chemin pour gagner leur auberge.

Jacques Leblond, quoique nous n'ayons pas encore eu occasion de le dire, était un homme fort pieux. Il s'acquittait avec un soin scrupuleux de ses devoirs religieux, et il veillait avec soin à ce que Petit-Pierre en fît autant. Jamais il ne tentait la moindre entreprise sans demander humblement à Dieu de l'éclairer et de l'aider, et jamais il n'obtenait un succès sans le remercier de sa protection. Aussi c'était à ces habitudes de piété et d'observation rigoureuse de la loi de Dieu qu'il attribuait la prospérité régulière et constante de son commerce; et en cela il avait parfaitement raison, même au point de vue de la prudence humaine. En effet, en se conformant strictement à la loi de Dieu qui défend de faire du tort au prochain, et par conséquent de le tromper sur la qualité, la quantité ou la valeur des marchandises qu'il offrait en vente, il en résulta qu'il gagnait promptement la confiance des personnes avec lesquelles il se trouvait en relation; celles-ci lui en attiraient d'autres; ainsi ses affaires se multipliaient comme par enchantement; et bien qu'il se contentât d'un faible mais légitime bénéfice, comme ce bénéfice se renouvelait fréquemment, il voyait ses profits augmenter et sa situation prospérer de jour en jour.

Cette conduite de Jacques Leblond vient à l'appui de cette vérité, que bien des gens malheureusement ne comprennent pas, ou plutôt ne pratiquent pas, c'est qu'en affaires, et dans le commerce principalement, le moyen le plus sûr, le plus adroit que l'on puisse imaginer pour réussir, c'est la probité, la probité la plus scrupuleuse, ce qui comprend la délicatesse et la bonne foi. Mais ces qualités indispensables, on ne saurait les posséder sérieusement et d'une manière solide, si elles n'ont pour base la religion; et c'est parce que Jacques Leblond était sincèrement religieux, qu'il était en même temps un homme probe, délicat, ennemi de toute fraude, de toute injustice, et que le succès couronnait ordinairement ses efforts. Nous disons ordinairement, car il n'était pas sans éprouver parfois des revers et des pertes imprévues; mais alors la religion lui apprenait à les supporter avec résignation, et à les regarder soit comme des châtiments de ses fautes, car il n'avait pas la prétention de se croire impeccable, soit comme des épreuves et des avertissements salutaires dont il devait faire son profit.

CHAPITRE IV

L'arrivée à Paris.

Jacques Leblond et Petit-Pierre ne manquèrent pas, comme on le pense bien, au rendez-vous que leur avait donné le baron de Grosbois. Dès qu'ils se présentèrent, le domestique, qui sans doute avait reçu des ordres en conséquence, les introduisit immédiatement dans la chambre de monsieur.

« Bien, mes amis, dit le baron en les voyant, j'aime l'exactitude ; vous allez venir avec moi chez ma femme, qui vous attend et se propose de vous faire quelques

emplettes, si elle trouve vos marchandises
à son gré. »

Aussitôt il les conduisit, à travers plusieurs salons richement meublés, jusqu'à
l'appartement de Mme la baronne. Petit-
Pierre ouvrait de grands yeux tout émer-
veillés à la vue de ces glaces, de ces riches
tentures, de ces tableaux, de ces dorures,
de ces lustres, de ces fauteuils recouverts
de housses de soie, et de tant d'autres meu-
bles dont il ne connaissait ni le nom ni
l'usage. Mais ni lui ni Jacques n'étaient au
bout de leur surprise.

Lorsque le baron eut ouvert une dernière
porte, il dit, en s'adressant à quelqu'un
dans l'intérieur de l'appartement :

« Madame, peut-on vous présenter vos
deux compatriotes dont je vous ai parlé
hier? »

Sur la réponse affirmative, M. de Grosbois les fit entrer dans la chambre, et ils se
trouvèrent en présence d'une grande dame,

simplement mais élégamment mise; à côté
d'elle étaient assises deux jeunes filles de
quatorze à quinze ans, à l'air espiègle et
même un peu railleur; derrière la dame se
tenait une femme de chambre qui achevait
de coiffer sa maîtresse.

A la vue de tout ce monde, Jacques fit
quelques pas, en saluant d'un air gauche et
embarrassé; Petit-Pierre, tout honteux, se
tenait derrière lui comme pour éviter les
regards. Mais la dame de la maison eut
bientôt fait cesser cette contrainte, et mis à
l'aise ses visiteurs, lorsque, avec un sourire
plein de bienveillance, elle leur adressa la
parole dans le patois et avec l'accent sa-
voyard le plus prononcé.

En l'entendant, Jacques et Petit-Pierre ne
purent retenir une exclamation de surprise.

« Quoi! poursuivit la baronne, vous paraissez étonnés de m'entendre parler votre
langage; mais mon mari ne vient-il pas de
vous dire que j'étais votre *payse?*

— Madame, balbutia Jacques en s'exprimant en français, excusez..., je suis vraiment confus...

— Non, non, interrompit vivement la baronne, toujours en patois, je veux que vous me répondiez toujours de la même manière que je vous parle, ou bien je ne croirai pas que vous êtes réellement des Savoisiens, et nous ne ferons point d'affaires ensemble; car ce n'est qu'à condition que j'aurais à traiter avec des gens de mon pays que j'ai consenti à vous recevoir.

— En ce cas, Madame, reprit Jacques en se servant cette fois du savoisien le plus pur, et en reprenant toute son assurance, je suis à vos ordres; seulement je vous dirai que si je ne vous ai pas répondu d'abord en patois, c'était dans la crainte de n'être pas compris des autres personnes ici présentes.

— Eh bien, c'est ce qui vous trompe; tout le monde ici comprend notre patois,

même ceux qui ne le parlent pas, tels que
mon mari et mes filles; mais, tenez, voilà
une personne qui le parle mieux que moi
encore, » et elle montrait sa femme de
chambre; « elle est de Sallanche, et il y a
cinq ans à peine qu'elle a quitté son pays,
tandis que moi, il y a près de dix-huit ans
que j'en suis partie.

— De Sallanche! s'écria Jacques, et moi,
je suis de Chamouny, à quatre lieues de
Sallanche. Oh! je connais bien votre pays,
Mademoiselle, et j'y ai été bien souvent. »

Louise, c'était le nom de la femme de
chambre, dit qu'elle connaissait aussi Chamouny, où elle était allée plusieurs fois
avec ses anciens maîtres pour visiter les
glaciers et cette vallée si pittoresque. Elle
s'exprimait, en effet, dans un patois plus
intelligible pour Jacques que celui de Mᵐᵉ de
Grosbois, soit que cette dernière eût un
peu oublié l'idiome de son pays, soit plutôt

que, comme elle était des environs de Chambéry, le patois qu'elle avait appris dans son enfance différât un peu de celui dé la haute Savoie que parlaient Jacques et Louise.

Maintenant que la glace était rompue, la conversation s'anima de plus en plus. Petit-Pierre y prit bientôt une part active ; son histoire fut racontée, et comme toujours, ou, pour mieux dire, plus qu'ailleurs, elle inspira aux personnes qui l'entendirent le plus vif intérêt en faveur du pauvre orphelin.

Après ces préliminaires, on en vint aux affaires sérieuses. Jacques et Petit-Pierre étalèrent leurs marchandises, et l'un et l'autre firent une vente considérable. En prenant congé de ses nouvelles pratiques, Jacques demanda la permission de les visiter à son prochain voyage, permission qui lui fut gracieusement accordée. Le lendemain, Jacques et son compagnon quittèrent Dôle et se dirigèrent sur Besançon.

Nous n'avons pas intention, comme on le pense bien, de les suivre pas à pas dans leur voyage, qui du reste n'offrit aucun incident remarquable. Nous ne ferons qu'indiquer rapidement leur itinéraire à travers la Franche-Comté, l'Alsace, la Lorraine et la Champagne, jusqu'à leur arrivée à Paris.

Le surlendemain de leur départ de Dôle, ils arrivèrent à Besançon. Là Jacques remit le ballot de marchandises qu'il avait chargé à Lyon à destination de cette ville, et, avec l'argent qu'il reçut pour cette commission, et une partie de l'argent provenant des ventes qu'il avait faites depuis son départ de Châlon, il acheta une certaine quantité de montres de la fabrique de Besançon, dont il comptait trouver avantageusement le placement soit à Paris, soit le long de sa route. Du reste, comme cette marchandise était moins lourde et moins encombrante que les ballots de roulage qu'il

venait de déposer, *Bellotte* se trouvait sou-
lagée d'une partie de sa charge, et il pouvait maintenant activer un peu sa marche,
car il avait hâte d'arriver à Mulhouse.

Il ne s'arrêta donc à Besançon que le temps
nécessaire pour terminer les opérations dont
nous venons de parler, et il prit immédiatement la route de Belfort, par Baume-les-
Dames, Clerval, l'Ile-sur-le-Doubs et Géri-
court. Nous citons ces localités, parce que
dans chacune d'elles il avait d'anciennes
pratiques avec lesquelles il fit quelques
affaires. Petit-Pierre eut aussi plus d'une
fois l'occasion de montrer son aptitude pour
le commerce, et, comme partout, il sut
plaire à toutes les pratiques qu'il visita.

De Belfort Jacques se rendit à Huningue,
en ne s'arrêtant qu'à Altkirch. Il ne voulut
pas entrer dans Bâle avec les marchandises
qui lui appartenaient, à cause des forma-
lités qu'il aurait à remplir à la douane; il
laissa donc ses montres, ses soieries et sa

mercerie dans l'auberge où il était des-
cendu à Huningue, sous la garde de Petit-
Pierre; puis, n'ayant dans sa voiture d'autre
chargement que les ballots de Lyon expé-
diés pour Bâle, il se rendit seul dans cette
ville, y fit la remise des colis aux adresses
indiquées, et revint à Huningue avant la fin
de la journée.

Le lendemain, ils partirent pour Mulhouse, où ils arrivèrent de bonne heure; car
Bellotte, débarrassée de toute sa lourde
charge, put prendre le trot de temps en
temps, sans trop fatiguer Petit-Pierre, qui,
ainsi que le lui avait annoncé son patron,
avait fini par s'accoutumer aux secousses de
la voiture, comme un mousse s'accoutume
au roulis d'un bâtiment, et cesse d'éprouver le mal de mer.

A Mulhouse, Jacques acheta des indiennes, du calicot, du madapolam, de
manière à charger sa carriole presque autant qu'elle l'était en quittant Lyon. De là il

se rendit à Thann, où il fit encore quelques emplettes, pour compléter, disait-il, son chargement, que Petit-Pierre trouvait plus que complet, car les ballots envahissaient jusqu'à la banquette où il avait coutume de s'asseoir.

De Thann, ils franchirent les Vosges, entrèrent en Lorraine, se dirigeant à petites journées sur Nancy, par Remiremont, Épinal et Charmes. Jacques n'étant pas obligé d'arriver à jour fixe en tel ou tel endroit, comme lorsqu'il avait pris des chargements de Lyon pour Besançon et pour Bâle, s'écartait souvent de la grande route pour aller dans quelque grosse bourgade qu'il connaissait, et où il était à peu près sûr de faire des affaires.

Nos jeunes lecteurs doivent comprendre que le métier de marchand ambulant et de colporteur s'exerce dans les petites villes, dans les bourgs, et même dans les simples villages, d'une manière plus avantageuse que dans les grandes villes, parce que dans celles-ci on a sous la main des magasins amplement fournis et parfaitement assortis de marchandises de tous genres, tandis que dans les petites localités, où tout manque, on accueille avec faveur les marchands qui viennent vous apporter des objets que l'on ne pourrait se procurer qu'au loin, et avec de grands frais de déplacement. Mais, pour mériter cette confiance, il faut, comme Jacques Leblond, s'être fait connaître par sa loyauté en affaires; car malheureusement il se rencontre trop souvent, dans cette classe de petits marchands, des hommes qui ne se font aucun scrupule de tromper indignement ceux qui veulent bien leur acheter, soit en leur vendant comme de première qualité des marchandises tarées ou avariées, soit en surfaisant les prix d'une manière exagérée, soit enfin en fraudant sur le poids ou sur le mesurage, lors de la livraison. Il est vrai que ces faiseurs de dupes ne se pré-

sentent guère qu'une fois dans les mêmes
localités, dans la crainte, s'ils y reparais-
saient une seconde, d'être exposés aux justes
réclamations de leurs victimes, peut-être
même à quelque chose de pire.

-Jacques Leblond n'avait pas de pareille
crainte; tous ceux dont il avait déjà fait connaissance n'hésitaient pas à traiter avec lui
de nouveau; souvent même, comme sa tournée était à peu près régulière, on remettait
à son passage telle ou telle emplette qu'on
aurait pu faire à la rigueur plus tôt. Cette
partie de la vallée de la Moselle qui s'é-
tend de Remiremont à Nancy était ce qu'il
appelait *ses galeries;* aussi y était-il toujours
retenu plus longtemps qu'ailleurs, et il mettait près d'un mois à parcourir la distance
qui sépare Épinal de Nancy.

Jacques s'arrêta dans cette dernière ville
pour acheter un assortiment de broderies;
puis il s'achemina vers la Champagne en
suivant la route de Toul, Bar-le-Duc, Saint-

Dizier et Vitry-le-Français. De là, il se diri-
gea sur Bar-sur-Aube et Troyes. Pendant
tout ce parcours, il continua avec activité et
succès ses opérations commerciales, de sorte
qu'arrivé dans cette dernière ville il avait
écoulé la plus grande partie de ses marchandises. Il les remplaça à Troyes par des
articles de bonneterie et de tricots en tous
genres; et enfin il prit la route de Paris par
Nogent-sur-Seine et Provins, non sans faire
de nombreuses stations à droite et à gauche,
et il ne fut rendu à sa destination que vers
le milieu de septembre, cinq mois environ
après son départ de Savoie.

Pendant ce temps-là Petit-Pierre s'était
parfaitement accoutumé avec son patron; il
avait pris goût au commerce et à cette vie
active et nomade qu'il menait depuis plusieurs mois; de telle façon que lui qui, en
quittant la Savoie, soupirait après le moment
d'arriver à Paris, maintenant il ne voyait
plus cet instant qu'avec peine : non qu'il

n'eût toujours le désir de connaître cette grande ville dont il entendait tant parler ; mais il pensait avec douleur qu'il allait quitter un bon maître, qui l'avait toujours traité comme s'il eût été son propre fils, et lui avait toujours permis d'accomplir ses devoirs religieux. De son côté, Jacques Leblond s'était attaché à cet enfant, et l'idée de s'en séparer ne lui était pas moins pénible qu'à Petit-Pierre.

Dans la dernière journée de leur voyage, ces pensées, qui les occupaient l'un et l'autre, devinrent naturellement le sujet de leur conversation. Petit-Pierre, après avoir entendu son patron exprimer le regret que lui causerait leur séparation, s'écria :

« Mais, not' maître, puisque vous paraissez content de mon service, et que je ne demande pas mieux que de rester avec vous, ne pourriez-vous pas me garder?

— Je ne demanderais pas mieux, mon ami ; mais j'ai promis à ton oncle de te remettre entre les mains de votre cousin Hubert à notre arrivée à Paris, et je dois le faire, car jamais Jacques Leblond n'a manqué à ses promesses.

— Mais si je ne puis m'accoutumer avec le cousin Hubert, est-ce que vous ne seriez pas disposé à me reprendre avec vous?

— Ce serait avec plaisir, sans doute; mais à condition que ton oncle, qui est ton tuteur et ton parrain, et qui par conséquent remplace ton père, y consentirait.

— Oh! mais si vous et moi nous le lui demandions, bien sûr qu'il ne s'y opposerait pas.

— J'en doute.

— Et pourquoi? Qu'est-ce que cela peut lui faire que je gagne ma vie avec vous ou avec le cousin Hubert? Je n'en serai pas plus à sa charge.

— Ton oncle a ses raisons, et, au fond, je ne puis que les approuver.

— Et quelles sont ces raisons? Il ne m'en

a parlé que d'une manière très-vague, et que je n'ai pas bien comprise.

— Eh bien, je vais te les expliquer, parce que je te crois assez d'intelligence et de jugement pour les comprendre. Ton oncle regarde la place de commissionnaire occupée par Hubert comme un emploi appartenant en quelque sorte à votre famille. Cela est si vrai, qu'Hubert n'est connu dans le quartier où il exerce que sous le nom de Reboul. Or il est convenu qu'il n'occupe cet emploi que d'une manière transitoire, et qu'il doit te le céder après qu'il t'aura mis au courant de la besogne, et que tu auras atteint l'âge et les forces nécessaires pour le remplacer. D'ici là, ce qui demande au moins quatre ou cinq ans, ton cousin Victor, le fils aîné de ton oncle, sera assez grand pour aller te rejoindre. Tu le dirigeras à ton tour et tu lui apprendras le métier, et si vous réussissez tous deux, comme cela est probable, plus tard vous appellerez ton petit cousin Emmanuel,

le second fils de ton oncle, qui n'a encore
que cinq ans. Unis tous les trois comme trois
frères, dont tu serais l'aîné, vous ne pourriez manquer de réussir et de faire d'excel-
lentes affaires. Tel est le rêve de ton oncle;
et, au fait, je ne vois pas ce qui pourrait
l'empêcher de se réaliser.

— Sans doute mon oncle dans cet arrangement a pour but principal de placer ses
enfants, au nombre desquels il me compte,
et il ne voit pas pour nous de position plus
avantageuse que celle qu'il a exercée lui-
même avec mon père. Mais s'il savait que
j'ai trouvé, moi, une position tout aussi
avantageuse et qui me convient mieux que
celle de commissionnaire, peut-être n'exi-
gerait-il pas que je fisse un autre apprentissage, d'autant plus que cela ne l'empê-
cherait pas d'envoyer son fils Victor, quand
il aura l'âge, auprès du cousin Hubert; puis
Victor serait suivi par Emmanuel, et les
deux frères exerceraient ensemble le métier

comme autrefois mon père et mon oncle.

— Oui, mais Victor n'a que huit ans; ce n'est que dans quatre ans qu'il pourra rendre à Hubert les services que tu peux lui rendre aujourd'hui, et ce n'est que dans dix ans au plus qu'il sera en état de porter les crochets; or, d'ici là, Hubert, qui commence à se faire vieux, pourrait bien être obligé de se retirer, et s'il n'avait pas auprès de lui quelqu'un de la famille pour le remplacer, il pourrait, d'après les conventions faites avec ton oncle, céder la place à un autre. Voilà pourquoi ton oncle tient tant à ce que tu t'installes dès à présent auprès du cousin. »

Petit-Pierre n'avait plus d'objection à faire; il baissa la tête en soupirant, par forme de consentement ou plutôt de résignation tacite.

Ils cheminèrent ainsi quelques instants en silence. Jacques, touché de la tristesse de l'enfant, chercha à relever son courage en lui donnant un espoir qui lui souriait aussi à lui-même.

« Après tout, dit-il tout à coup, il serait possible que le cousin Hubert ne tînt pas à se donner de sitôt un remplaçant, et qu'il fût disposé à attendre que Victor fût en état de le seconder pour le prendre avec lui; dans ce cas, et bien entendu si Hubert en prenait formellement l'engagement, ton oncle, voyant la position de Victor assurée, pourrait bien ne plus s'opposer à ton désir de rester dans le commerce.

— C'est précisément ce que je vous disais tout à l'heure, s'écria joyeusement Petit-Pierre.

— Oui; seulement tu regardais la chose comme on ne peut plus facile, et je t'ai montré quels obstacles pouvaient s'y opposer. Il faut, pour lever ces obstacles, d'abord l'agrément du cousin Hubert, puis le consentement de ton oncle. Nous en causerons avec Hubert dès demain, et, d'après ce qu'il me dira, nous verrons à écrire à ton oncle. »

Quelques instants après cette conversation, ils faisaient leur entrée dans Paris par la barrière de Charenton.

Petit-Pierre oublia ses préoccupations pour regarder de tous ses yeux cette grande ville dont on lui avait raconté tant de merveilles. Mais quel fut son désappointement en parcourant cette longue et interminable rue de Charenton, qui dans le voisinage de la barrière et jusqu'à une certaine distance était peu habitée, et traversait d'immenses terrains consacrés à des cultures maraîchères! Cependant, en avançant toujours, les habitations devenaient plus fréquentes, les maisons plus élevées, la population plus bruyante; mais la rue devenait plus étroite, plus irrégulière et plus sale. Enfin ils arrivèrent sur la place de la Bastille. Ici le coup d'œil changea comme par enchantement. La vue de la colonne de

Juillet, qu'on venait d'inaugurer, l'entrée
des boulevards à sa droite, devant lui la rue
Saint-Antoine, à sa gauche le canal avec ses
larges quais bordés par cette longue file de
bâtiments appelés les *Greniers d'abondance*,
puis cette foule de voitures courant sans
cesse et dans tous les sens et cette foule bien
autrement nombreuse de piétons, les uns
stationnant en rangs serrés autour de chan-
teurs ou de saltimbanques, les autres mar-
chant rapidement à leurs affaires ou à leurs
plaisirs, puis tout ce monde s'agitant, criant,
parlant, gesticulant, au milieu du roulement
continuel des voitures, tout cet ensemble
forma pour Petit-Pierre un spectacle gran-
diose, bizarre, assourdissant, qui le surprit,
l'ahurit en quelque sorte plutôt que d'exci-
ter son admiration. Dix minutes après, ils
s'arrêtèrent à une auberge de la rue Culture-
Sainte-Catherine, où Jacques avait l'habitude de descendre.

« Eh bien! dit ce dernier à Petit-Pierre

en entrant dans la cour de l'auberge, comment trouves-tu Paris?

— Ma foi, not' maître, je ne le trouve pas si beau que je m'y attendais; il y a plus de mouvement, plus de tapage qu'à Lyon; mais, à mon avis, ce n'est pas une ville aussi belle que Nancy.

— Oh! c'est que tu n'as encore vu Paris que par son vilain côté; mais quand tu le connaîtras mieux, tu le jugeras différemment. »

CHAPITRE V

Où la pièce de cinq francs de la grand'mère
trouve son emploi.

Les trois premiers jours de leur arrivée
à Paris furent employés à visiter la capitale,
et lorsque Petit-Pierre en eut parcouru les
beaux quartiers, nous n'avons pas besoin
de dire qu'il revint sur sa première appré-
ciation. Pour se reposer de ses courses, il
mettait un peu d'ordre dans les écritures de
son patron, qui avaient été négligées depuis quelque temps. Enfin, le quatrième
jour, ils allèrent trouver le cousin Hubert,
visite qu'ils redoutaient l'un et l'autre, et
qu'ils avaient retardée le plus possible.

« Ah! te voilà, petiot, dit Hubert quand
Jacques Leblond lui eût présenté son petit
cousin, tu y a mis le temps pour arriver :
cinq mois pour venir d'Annecy à Paris! on
ferait deux fois le voyage d'Amérique, aller
et retour. Ma foi, je ne comptais plus sur
toi, et j'étais sur le point de prendre un
autre compagnon, car nous ne manquons
pas ici d'enfants du pays qui ne demanderaient pas mieux que d'avoir cette place. »

Ce début rendit tout confus Petit-Pierre,
qui ne trouva pas un mot à répondre.
Jacques Leblond prit alors la parole, et
expliqua comment c'était lui qui avait été la
cause du retard de l'enfant; puis, comme
il savait la manière de prendre Hubert pour
l'adoucir, il l'invita à déjeuner à son auberge de la rue Culture-Sainte-Catherine,
afin de pouvoir causer plus librement de
leurs petites affaires.

Remarquons en passant que la visite, la
présentation et la réception avaient lieu au

coin de la rue Croix-des-Petits-Champs et
de la place des Victoires, à l'endroit même
où stationnait Hubert. Celui-ci fit quelques
difficultés pour la forme. Que diraient ses
pratiques, si elles ne le trouvaient pas à son
poste? Encore si l'on déjeunait chez le marchand de vin voisin, on pourrait l'avertir
s'il survenait quelque commission; mais on
ne viendrait pas le chercher au Marais.

« Et c'est justement pour cela, dit Jacques
Leblond, que je veux t'emmener à mon
auberge, afin que nous puissions causer ensemble sans être dérangés. Si l'on vient te
demander pendant ton absence, tu chargeras le concierge de l'allée où tu déposes tes
crochets de répondre que tu es allé faire une
commission qui te retiendra jusqu'à trois ou
quatre heures, et dans ce cas je m'engage à
te dédommager de ce que tu auras manqué à
gagner. »

L'appât d'un bon déjeuner était bien ten-
tant pour Hubert; d'un autre côté, il était

âpre au gain, et la crainte de manquer l'occasion de gagner une pièce de deux francs était le seul motif qui l'avait fait hésiter; mais l'offre de Jacques, qu'il se garda bien de rejeter, le décida tout à fait; il accepta donc l'invitation, en disant toutefois que le plaisir seul de se trouver avec des compatriotes le décidait; mais il eut grand soin de faire au portier la recommandation que lui avait conseillée Jacques.

Pendant le déjeuner, et longtemps encore après ce repas, il s'établit entre Jacques et Hubert, au sujet de Petit-Pierre, un long colloque dont nous ferons grâce à nos lecteurs, en leur en donnant toutefois le résumé, indispensable à l'intelligence de notre récit.

Dès le début de leur conversation, Jacques reconnut qu'Hubert n'était nullement pressé de céder son emploi; il se sentait assez de vigueur pour l'exercer encore pendant dix à douze ans au moins, et il ne

serait pas peu contrarié si, pour remplir les
engagements qu'il avait contractés avec les
Reboul, il se voyait obligé de remettre,
dans quatre à cinq ans, sa médaille et ses
crochets à Petit-Pierre. Il consentirait donc
volontiers à attendre que le fils aîné du cousin Reboul, c'est-à-dire Victor, fût en état
de le remplacer, si de son côté le père de
cet enfant consentait à cet arrangement. Cependant il avait dès à présent absolument
besoin de quelqu'un pour faire les petites
commissions qui n'exigeaient pas l'emploi
de la force, telles, par exemple, que des
lettres à porter ou de petits paquets légers
et peu volumineux; il avait enfin et surtout
besoin d'un aide pour le seconder dans les
opérations importantes de cirage dont il était
chargé; car il avait entrepris le nettoyage
et le cirage de toutes les chaussures d'un
hôtel garni voisin de sa station, sans compter
l'importance du casuel que procure la circu-
lation toujours active sur ce point, et où un

grand nombre de passants réclament à chaque
instant les soins d'un décrotteur. Malheureusement, comme Hubert était seul, une grande
partie de cette besogne lui échappait, et ce
n'était pas la moins lucrative du métier.
Depuis longtemps même, il aurait pris un
autre enfant comme apprenti, s'il n'en eût
été empêché par ce traité, qui l'obligeait
à ne prendre d'autre apprenti que le fils
de Louis Reboul ou les enfants du Grand=
Pierre. Si ce dernier consentait à ce qu'un
autre prît la place de son neveu jusqu'à
ce que son fils Victor pût venir l'occuper,
Hubert n'y mettrait aucun obstacle; mais,
encore une fois, il fallait le consentement
de l'oncle Pierre Reboul. Tel est le résumé
de leur entretien.

D'après ces considérations, il fut convenu que Jacques Leblond, Hubert et Petit-
Pierre écriraient chacun à Pierre Reboul,
pour lui faire part de leur projet et lui
demander son approbation. En attendant la

réponse, qui pouvait' tarder quinze jours,
trois semaines, un mois peut-être, car le
service des postes ne se faisait pas à cette
époque en Savoie d'une manière très-régu-
lière, et comme d'un autre côté Grand-
Pierre, ne sachant ni lire ni écrire, pourrait
perdre beaucoup de temps avant d'avoir pu
prendre connaissance de ces lettres et d'y
faire faire une réponse, Hubert demanda
que Petit-Pierre entrât immédiatement à son
service jusqu'à ce que l'on connût défini-
tivement la volonté de son oncle. Si elle
était favorable à leurs projets, on s'occuperait aussitôt de lui trouver un remplaçant;
mais il resterait toujours jusqu'à ce que celui-ci fût installé; si, au contraire, l'oncle
voulait maintenir strictement l'exécution de
leur traité, alors mieux vaudrait qu'il eût
commencé tout de suite un apprentissage
d'un métier qui lui paraîtrait moins dur
quand il en aurait déjà pris une idée.

Petit-Pierre aurait bien voulu ne pas souscrire à cette prétention d'Hubert ; mais Jacques Leblond lui fit observer qu'il ne fallait pas contrarier son cousin ; qu'il avait réellement besoin de quelqu'un, et qu'il ne pouvait prendre un aide pour quinze jours ou un mois, sans être obligé de lui donner un dédommagement coûteux.

Petit-Pierre se résigna, et le lendemain de bon matin il vint s'installer chez son cousin Hubert, qui demeurait dans une mansarde, au sixième étage d'une maison située rue Coquillière.

Jacques Leblond, qui l'avait accompagné, l'embrassa cordialement en lui disant : « Au revoir, mon garçon ; je vais partir pour Rouen, Louviers et Elbeuf, pour mes emplettes de ma tournée d'hiver. Je serai de retour dans trois semaines au plus tard ; à cette époque on aura probablement reçu la réponse de ton oncle ; j'espère qu'elle sera favorable, et alors nous ne nous séparerons plus. »

L'enfant ne put répondre, tant il avait
le cœur gros; il embrassa une dernière fois
son bon maître, et il suivit, les larmes aux
yeux, le cousin Hubert, qui le conduisit
dans une petite cour dépendante de l'hôtel
voisin de sa station. Cette cour était cou-
verte d'une toiture vitrée, et servait à une
foule d'usages. Dans un coin étaient réunies
des chaussures de toute espèce et de toutes
dimensions, depuis la botte, la bottine et les
brodequins, jusqu'aux souliers d'enfants.

Le cousin Hubert s'arma d'une brosse, en
remit une semblable à Petit-Pierre, et tout
en s'escrimant à frotter le cuir avec la brosse
sèche pour en ôter la boue ou la poussière,
puis à étendre le cirage et à le faire briller
à l'aide d'une brosse particulière, il donna
à Petit-Pierre sa première leçon théorique
et pratique d'*artiste* décrotteur. L'enfant,
qui ne manquait ni d'intelligence ni de bonne
volonté, saisit facilement les explications de
son professeur, et réussit assez bien, dès

cette première séance, pour mériter les éloges de son maître.

Au bout de quelques jours, Hubert reconnut qu'il n'avait plus rien à lui enseigner, et il. le jugea en état d'exercer en public l'art de cirer les souliers et les bottes. En conséquence il l'installa derrière une petite boîte, munie de tous les ustensiles nécessaires à la profession de décrotteur, et Petit-Pierre, la brosse en main, attendit patiemment la pratique.

Il se montra d'abord un peu timide, un peu gauche, avec les premiers qui présentèrent leur pied sur sa sellette; puis il s'enhardit, et bientôt les nouvelles pratiques qui se présentèrent, remarquant sa bonne mine et sa physionomie ouverte et intelligente, lui adressèrent quelques mots de félicitation ou d'encouragement, et souvent y joignirent un sou ou deux de plus que le prix ordinaire du nettoyage d'une paire de bottes ou de souliers. Ces petits profits

constituaient ses seuls bénéfices; car il devait rendre compte exactement au cousin
Hubert de tout ce qu'il recevait pour son
travail. Celui-ci ne se chargeait que de le
nourrir et de le loger pendant tout le temps
qu'il resterait-avec lui.

Ses nouvelles fonctions, quoiqu'il les exer-
çât avec courage et résignation, étaient loin
de plaire à Petit-Pierre. Il regrettait le temps
où il parcourait les campagnes, respirant
un air pur, jouissant de l'aspect varié des
champs, des prairies, des forêts, n'entendant
d'autre bruit que le gazouillement des oiseaux, le bêlement des moutons ou le mu-
gissement des grands troupeaux, tandis que
maintenant il n'avait d'autre perspective
que ces maisons si hautes, qu'on est forcé
de lever la tête pour apercevoir le ciel;
il ne respirait qu'un air vicié ou chargé
d'odeurs nauséabondes; des rues couvertes
de boue ou de poussière, au lieu de prairies verdoyantes; et, par-dessus tout, un

bruit assourdissant de voitures, qui empêchait d'entendre et d'être entendu quand
on voulait parler. D'un autre côté, le cousin
Hubert était loin de le traiter aussi bien
que Jacques Leblond. Celui-ci, il est vrai,
le faisait travailler beaucoup, mais jamais
au-dessus de ses forces; puis il le nourrissait bien, et d'ailleurs il avait toujours des
paroles encourageantes et gracieuses à lui
dire; Hubert, par moments, l'écrasait de
besogne, et ne lui donnait pas un instant
de repos; d'autres fois, il le laissait des
demi-journées entières sans rien faire; il le
nourrissait fort mal, et lui donnait à peine
de quoi satisfaire son appétit. Petit-Pierre
eût passé encore sur ces petits inconvénients,
si son nouveau maître s'était montré envers
lui bienveillant comme l'ancien; mais Hubert, sans être un homme méchant, était
grossier, comme le sont presque toujours
les gens qui manquent de religion; le plus
souvent, quand il adressait la parole à Petit-

Pierre, c'était avec des expressions d'une rudesse à laquelle il n'était pas accoutumé. Toutefois il prenait patience, dans l'espérance que sa situation ne serait que passagère, et qu'il pourrait bientôt se réunir à son ancien maître.

Cependant Jacques Leblond était parti depuis près d'un mois pour la Normandie, et l'on n'en avait reçu aucune nouvelle; l'oncle de Petit-Pierre n'avait pas non plus fait de réponse à la demande qu'on lui avait adressée, de sorte que le pauvre enfant commençait à s'inquiéter sérieusement. Tous les jours, quand il le pouvait, mais régulièrement tous les dimanches, il allait à l'église Notre-Dame-des-Victoires, qui était voisine, prier pour son ancien maître, pour sa vieille grand'mère, pour son oncle, pour toute sa famille; il demandait pour lui-même à Dieu de lui accorder ce qu'il jugerait le plus utile et le plus convenable à son salut, se soumettant d'avance avec une entière résignation à sa volonté suprême. Quand il avait ainsi prié, il éprouvait un grand soulagement; il revenait gaiement à son travail, et s'y appliquait avec une ardeur telle, que le cousin Hubert ne s'apercevait pas des tourments et des inquiétudes qu'éprouvait son jeune apprenti.

Petit-Pierre trouva aussi un autre sujet de consolation dans l'accueil qu'il reçut de toutes les personnes qui avaient autrefois connu son père et son oncle, et il n'est pas douteux que, s'il eût été en âge d'exercer d'une manière complète la profession de commissionnaire, il n'eût compté immédiatement une nombreuse et excellente clientèle. Mais il fallait attendre cinq à six ans, et cet avenir paraît une éternité à un enfant de treize ans.

D'ailleurs l'état ne lui convenait pas, sans doute par suite de la comparaison qu'il en faisait avec celui dont il avait fait l'apprentissage depuis cinq mois. Il trouvait que le

métier de commissionnaire n'occupait pas
d'une manière assez régulière. Ainsi, après
une course pénible, on restait parfois des
heures entières, et même une grande partie
de la journée, sans occupation, et ses yeux
ne pouvaient s'accoutumer à voir des hommes robustes couchés et dormant sur leurs
crochets, comme des lézards au soleil. Plusieurs, il est vrai, et le cousin Hubert était du
nombre, se créaient d'autres occupations en
dehors de leur travail habituel. Les uns étaient
frotteurs, d'autres sciaient du bois, d'autres
mettaient du vin en bouteilles, etc. etc.;
mais ces travaux n'étaient toujours que pré-
caires, et ne demandaient, comme la plu-
part de ceux dont sont chargés les commissionnaires, d'autres qualités physiques que
la force musculaire et un peu d'habitude, et
d'autres qualités morales que la fidélité et la
probité; mais l'intelligence et l'initiative
ne trouvaient point à s'y exercer comme dans
le commerce, dont toutes les opérations,

depuis l'achat jusqu'à la vente, demandent beaucoup de tact, d'habileté, et en même temps de bonne foi et de probité.

Ces réflexions, qui se présentaient souvent à son esprit, le faisaient soupirer plus vivement après le retour de son ancien patron, et l'arrivée d'une lettre de Savoie.

Cette lettre, si impatiemment attendue, n'arriva point; mais à sa place se présenta un beau jour au cousin Hubert et à Petit-Pierre un individu nommé Maurice Pietrelli, natif des environs de Saint-Jean-de-Maurienne, et exerçant, disait-il, la profession de fumiste ou plutôt d'entrepreneur de ramonages. Il allait souvent dans les environs d'Annecy, où il recrutait des enfants pour exercer le pénible métier de ramoneur; il était connu depuis longtemps de la famille Reboul et d'Hubert. Il raconta qu'à son dernier voyage d'Annecy il avait vu l'oncle de Petit-Pierre, qui venait précisément de recevoir les lettres écrites par

son neveu, par Jacques Leblond et Hubert;
que, comme il n'avait personne sous la main
pour leur faire une réponse par écrit, il
l'avait chargé de leur dire de vive voix qu'il
consentait à l'arrangement proposé, à condition que le cousin Hubert s'engagerait formellement à ne céder son établissement à
d'autres qu'à Victor Reboul, son fils aîné,
lorsqu'il aurait atteint l'âge et les forces nécessaires pour le remplacer. En même temps
Maurice Pietrelli annonçait que parmi les
enfants qu'il avait amenés, il y en avait
un qui pourrait parfaitement convenir pour
tenir l'emploi de Petit-Pierre, parce qu'il
était trop grand pour pouvoir exercer l'état
de ramoneur.

Petit-Pierre était enchanté en entendant
ces propositions de Pietrelli; il pensait que
son cousin allait les accepter sur-le-champ;
mais quel fut son désappointement quand il
l'entendit répondre au fumiste :

« Je ne saurais conclure un tel arrange-

ment sur une simple parole; mes conventions avec mon cousin Reboul ont été faites
par écrit, et il faut un écrit pour les rompre
ou les modifier. D'ailleurs Jacques Leblond,
qui est aussi intéressé dans l'affaire, n'est
pas ici en ce moment, et je ne pourrais, dans
tous les cas, rien décider en son absence.
Revenez quand il sera de retour, et nous verrons tous ensemble si la chose peut s'arranger. »

Sur cette réponse, Pietrelli se retira en
promettant de revenir.

Petit-Pierre, un peu déconcerté d'abord,
se remit gaiement à la besogne, en pensant
que ce n'était toujours que pour un temps
fort court, puisque son oncle consentait à
leur proposition. En même temps il reçut une
lettre de son ancien patron qui lui annonçait
son arrivée à Paris dans une huitaine de jours,
en lui disant que la cause de son retard venait
d'abord des difficultés qu'il avait éprouvées
dans le placement de certaines marchandises
qu'il comptait vendre pour l'exportation à

4

des capitaines de navire qu'il espérait rencontrer à Rouen, et qu'il avait fallu aller chercher au Havre ; puis, en second lieu, il avait été retenu pendant plus de huit jours dans un village entre Rouen et le Havre, par une maladie fort grave de *Bellotte* ; maintenant sa bête était bien rétablie, seulement elle avait encore besoin de beaucoup de ménagement ; c'est pourquoi il ne voyageait qu'à très-petites journées.

Tout allait donc au mieux selon les souhaits de Petit-Pierre, lorsqu'un événement imprévu vint ajourner de nouveau l'accomplissement de ses projets.

Deux jours après l'arrivée de la lettre de Jacques Leblond, le cousin Hubert tomba malade par suite d'un refroidissement ; il avait voulu d'abord braver le mal et reprendre son travail, mais une défaillance qu'il éprouva le força bientôt de se mettre au lit. Le médecin appelé déclara que la maladie serait grave, de longue durée, et exigerait de grands soins; il conseilla à Hubert de se faire transporter à l'hôpital, où il serait mieux soigné qu'il ne pourrait l'être dans sa mansarde, où il n'aurait d'autre infirmier qu'un enfant. En attendant, le docteur prescrivit une ordonnance qu'il fallait exécuter sur-le-champ, autrement la maladie pourrait prendre un caractère plus grave et plus dangereux. Après l'avoir écrite, il remit le papier à Petit-Pierre en lui disant de le porter sur-le-champ chez le pharmacien, d'en rapporter immédiatement un remède qu'il ferait prendre au malade de quart d'heure en quart d'heure, et de lui demander à quelle heure serait prêt le cataplasme indiqué dans l'ordonnance.

« Est-ce que tout cela coûtera bien cher, monsieur le docteur? demanda Hubert.

— Non; trois à quatre francs au plus; mais surtout hâtez-vous, car le moindre retard pourrait être dangereux. » Et en disant ces mots il sortit.

« Je vais vite courir chez le pharmacien,
s'écria Petit-Pierre dès que le docteur eut
fermé la porte.

— Non, non, n'y va pas : à quoi bon
dépenser de l'argent, puisqu'à l'hôpital on
me fournira les médicaments pour rien.

— Mais vous n'êtes pas encore à l'hôpital ; il faudra du temps pour vous y transporter ; ce n'est peut-être que demain qu'on
pourra vous donner les remèdes qu'a pres-
crits le docteur, et vous avez entendu dire
qu'il y aurait du danger à retarder de vous
les administrer.

— Bah, je suis plus fort qu'il ne croit ;
mais quand cela me rendrait plus malade,
j'en serais quitte pour rester plus longtemps
à l'hôpital ; et qu'est-ce que cela me ferait,
puisque cela ne me coûterait rien? D'ailleurs, ces médecins s'entendent avec les
apothicaires, et c'est souvent pour faire gagner ceux-ci qu'ils prescrivent aux malades
des remèdes dont ils n'ont pas besoin, sans

s'embarrasser s'ils ont ou non de l'argent pour les payer.

— Pourtant, mon cousin, le médecin qui sort d'ici me paraît un bien brave homme, et quand il disait : « Surtout hâtez-vous, car le moindre retard pourrait être dangereux, » il avait un accent, un ton, qui m'ont donné le frisson... Tenez, vous avez tort, mon cousin, de ne pas faire ce qu'il dit; vous pourriez bien vous en repentir.

— J'ai tort! c'est bien aisé à dire; mais dépenser quatre francs d'un coup, dans une journée où je ne gagne rien, et à la veille d'être peut-être quinze jours, trois semaines, et même plus, sans en gagner davantage, cela n'est pas amusant. D'ailleurs, je n'ai presque plus d'argent; j'ai mis dimanche à la caisse d'épargne tout le gain de la semaine dernière; et le peu que j'ai gagné dans celle-ci, je le garde pour me procurer quelques douceurs à l'hospice quand j'entrerai en convalescence.

— Oh ! mon cousin, si c'est le manque d'argent qui vous empêche de suivre l'ordonnance du médecin, j'en ai, moi, de quoi payer cette ordonnance, et c'est bien à votre service.

— Comment ! tu as de l'argent ! mais tu n'avais guère qu'une trentaine de sous des petits pourboires que tu as reçus depuis que tu es avec moi, et là-dessus tu as acheté, il y a deux jours, une paire de bas qui t'a coûté quinze sous ; ce n'est donc que quinze sous environ qui doivent te rester.

— Oui, sans doute, c'est ce qui me reste, en effet, de l'argent que vous dites ; mais j'ai en réserve une pièce de cinq francs que ma grand'mère m'a donnée en partant ; elle m'a recommandé de bien la ménager, et de ne m'en servir que dans un cas de grande importance et d'impérieuse nécessité : eh bien ! je pense que rien n'est plus important ni plus nécessaire que votre guérison ; ainsi c'est de bon cœur que je vous offre de payer l'ordonnance du médecin. »

Malgré son écorce grossière, Hubert fut touché à sa manière de cette preuve naïve de l'attachement de l'enfant.... « Ma foi, puisque c'est ainsi, dit-il, j'accepte avec plaisir ton offre et je t'en remercie; il est bien entendu que ce n'est qu'un prêt que tu me fais, et je te le rendrai après ma guérison. Va donc chercher ces médicaments; mais marchande le plus que tu pourras, car ces pharmaciens gagnent au moins cent pour cent sur les drogues qu'ils nous vendent. Ah! en même temps, tu chargeras Michel, mon voisin, de prévenir un autre camarade, pour qu'ils viennent me chercher avec un brancard et me porter à l'Hôtel-Dieu. »

L'enfant s'empressa d'aller chez le pharmacien le plus voisin de leur station; il lui remit l'ordonnance, et, pendant qu'on préparait les médicaments, il courut avertir Michel pour le transport d'Hubert à l'Hôtel-Dieu. Le prix des médicaments s'élevait à

quatre francs vingt-cinq centimes. Petit-
Pierre tira en soupirant de son porte-monnaie
la pièce de cent sous, soigneusement enve-
loppée dans du papier sur lequel étaient
écrits ces mots : « Donné par ma grand'mère,
le 12 avril 1832. *Signé* Pierre Reboul; »
il la remit au pharmacien, en lui disant :
« Monsieur, auriez-vous l'obligeance de me
garder cette pièce de cinq francs, à laquelle
je tiens beaucoup, parce qu'elle me vient de
ma grand'mère? »

Le pharmacien regarda en souriant la
pièce et l'inscription tracée sur l'enveloppe,
et avant de répondre à la demande de Petit-
Pierre, il lui dit avec bonté : « Mon petit
ami, est-ce que tu es de la famille des frères
Reboul, que j'ai connus longtemps commissionnaires dans ce quartier, et qui s'appe-
laient, autant que je m'en souviens, l'un
Louis, et l'autre Grand-Pierre?

— Oui, Monsieur, je suis fils de Louis,
neveu et filleul de Grand-Pierre, et je m'ap-

pelle Petit-Pierre pour me distinguer de mon parrain.

— Et le Reboul qui les a remplacés est sans doute aussi de la même famille ?

— C'est notre cousin; mais il ne s'appelle pas Reboul, il s'appelle Hubert; c'est lui qui est tombé malade, et c'est pour lui que je viens chercher ces médicaments.

— Il ne t'a donc pas donné d'argent, que tu es obligé de payer avec la pièce de ta grand'mère ?

— Il n'en a guère d'argent, même qu'il ne voulait pas exécuter l'ordonnance du médecin pour ne pas en dépenser, disant que c'était de l'argent perdu, puisqu'il allait entrer à l'hôpital; alors c'est moi qui lui ai dit comme ça que je me chargerais de payer pour lui, et alors il a bien voulu.

— Est-il avare, ce garçon-là ! dit le pharmacien en s'adressant à son premier élève, qui achevait de manipuler l'emplâtre qu'attendait Petit-Pierre; il a, je suis sûr,

plus de dix mille francs en bourse, et il va
à l'hôpital au lieu de se faire soigner dans
une maison de santé ; il abuse de la géné-
rosité de cet enfant, au point de le laisser
dépenser une pièce d'argent qui a pour lui
une valeur inestimable : c'est indigne !

— Monsieur, reprit Petit-Pierre, qui chercha à excuser son cousin, il m'a bien promis
de me rendre cet argent à la sortie de l'hôpital ; c'est pourquoi je vous ai prié d'avoir la
bonté de me garder cette pièce.

— C'est bien la moindre chose, vraiment,
qu'il te rende cet argent ; il n'aurait jamais
dû te laisser t'en séparer. Mais sois tranquille, mon garçon, je vais mettre ta pièce
de côté, et pour qu'elle ne puisse se con-
fondre avec d'autres, non-seulement je la
laisserai dans son enveloppe, mais j'y ajou-
terai une marque particulière. » Et en disant ces mots il prit un poinçon, et grava
sur la pièce, au-dessous de l'effigie, un P et
un R.

Petit-Pierre le remercia cordialement, et se hâta de porter ses médicaments à son cousin. Il lui appliqua de son mieux l'emplâtre entre les deux épaules, comme l'avait ordonné le médecin, et lui fit avaler quelques cuillerées de la potion.

Hubert, malgré sa souffrance, donna à Petit-Pierre les instructions les plus détaillées sur ce qu'il devait faire pendant son absence. Il chargerait le camarade Michel des commissions qui exigeraient l'emploi des crochets; quant à lui, Petit-Pierre, il s'occuperait spécialement du nettoyage des chaussures de l'hôtel, et, quand il aurait le temps, du casuel extérieur de la rue. Il l'autorisait, si la besogne devenait trop forte, à prendre pour aide le jeune homme que lui avait proposé Pietrelli; il ne lui en coûterait même rien pour la nourriture, car on pourrait le faire entrer, en qualité de laveur de vaisselle, à l'hôtel où il serait nourri, et le reste du temps il l'emploierait au cirage des souliers. Enfin, tous les jeudis et tous les dimanches, jours où l'on peut aller visiter les malades dans les hospices, Petit-Pierre devait aller voir son patron, lui rendre compte de ce qu'il avait fait les jours précédents, et lui remettre l'argent qu'il aurait gagné, sur quoi Hubert lui donnerait ce qui lui serait nécessaire pour sa nourriture.

Petit-Pierre promit de se conformer exactement à ces prescriptions, et de ne pas quitter son poste avant l'entier rétablissement de son cousin.

Le soir même, Hubert fut transporté à l'hôpital.

CHAPITRE IV

La fabrique de cirage.

Quelques jours après, Jacques Leblond arrivait à Paris, et courait tout joyeux annoncer à Petit-Piere qu'il venait de recevoir une lettre de son oncle dans laquelle il déclarait consentir à l'arrangement dont il avait été question, aux conditions convenues. Mais quels ne furent pas son étonnement et sa contrariété quand il apprit la maladie d'Hubert, et la nécessité où se trouvait Petit-Pierre de rester à sa place jusqu'à l'entier rétablissement de son cousin! Cependant, loin de le détourner de la résolution qu'il avait prise , il l'encouragea à y persister en lui disant : « Tu as bien fait, mon ami, de ne pas abandonner ton cousin pendant sa maladie; car, si tu le quittais en ce moment, cela pourrait lui faire beaucoup de tort. J'avais espéré t'avoir avec moi pour la tournée que je vais faire dans l'Orléanais et le Berri; mais ce sera pour plus tard. Je reviendrai ici dans six semaines; il faut espérer qu'alors ton cousin sera rétabli.

— Oh! je l'espère bien aussi, reprit Petit-Pierre; car j'ai commencé depuis avant-hier une neuvaine pour obtenir sa guérison, et tous les jours je récite pour lui les prières du rosaire sur le chapelet bénit que m'a donné ma grand'mère.

— Tu as raison , mon enfant; car Dieu est le véritable médecin de qui nous devons attendre la guérison de toutes nos maladies. »

Puis il se fit raconter par Petit-Pierre tous les détails de la maladie de son cousin; il lui demanda, entre autres choses, s'il lui avait laissé quelque argent pour subvenir à ses besoins, offrant de lui en donner, dans le cas où Hubert aurait oublié de lui faire un peu d'avance. Petit-Pierre répondit que son cousin n'avait que bien peu d'argent quand il était tombé malade, et il lui raconta l'histoire de la pièce de cent sous de la grand'mère qu'il avait été obligé de donner au pharmacien pour payer quelques médicaments.

« Oh! le pingre! s'écria Jacques Leblond; je le reconnais bien là. En ce cas, mon garçon, puisqu'il t'a laissé sans le sou, combien veux-tu? dix francs, quinze francs, vingt francs? ils sont à ton service.

— Merci, not' maître, je n'ai besoin de rien; je gagne, rien qu'à cirer les souliers et à faire de petites commissions, plus qu'il ne me faut pour me nourrir, et tous les dimanches et tous les jeudis je porte le surplus de ma recette au cousin. Seulement je gagnerais bien davantage si j'avais un

aide; Maurice Pietrelli avait dit qu'il revien-
drait en amener un, et le cousin était décidé
à le prendre; mais il n'est pas revenu, et je
ne sais pas son adresse.

— Moi, je sais où trouver Pietrelli; de ce
pas je vais le voir, et je te ramènerai un
nouvel apprenti; tâche de le former de ton
mieux, et de manière que, lorsque ton cousin sera guéri, il ne fasse pas difficulté de l'accepter à ta place. Puisque tu dis ne pas avoir
besoin d'argent, je n'insisterai pas davantage
pour t'en faire accepter. Cependant il est une
chose que je veux faire pour toi, et que, je
pense bien, tu ne refuseras pas. Je veux
retirer des mains du pharmacien les cinq
francs que tu y as laissés en quelque sorte
en gage; car tu dois tenir à te séparer le
moins longtemps possible de ce souvenir de
ta grand'mère.

— Oh! pour cela, not' maître, s'écria
Petit-Pierre avec transport, j'accepte bien
volontiers; merci mille fois de votre bonne

pensée ; mais à condition toutefois que je vous rendrai cet argent aussitôt que le cousin me l'aura rendu lui-même, comme il me l'a promis.

— C'est entendu. Eh bien ! allons de ce pas chez ton pharmacien, puis j'irai ensuite chez Pietrelli. »

Il n'y avait que la rue à traverser. En deux minutes, l'échange des pièces fut fait, et Petit-Pierre, serrant joyeusement son écu de cent sous dans sa bourse de cuir, courut à sa sellette de décrotteur, où une pratique l'attendait. Il n'eut que le temps de crier : « Merci, Monsieur, » au pharmacien, et, « Au revoir, not' maître, » à Jacques Leblond.

Dès qu'il se fut éloigné, le pharmacien dit à Jacques : « Vous connaissez cet enfant ?

— Oui, Monsieur, répondit-il, et je puis vous affirmer que c'est un excellent petit garçon. » Et comme le pharmacien paraissait l'écouter avec intérêt, il lui raconta

son histoire, et fit le plus grand éloge de
ses qualités, qu'il avait été à même d'appré-
cier pendant les cinq mois qu'il l'avait eu à
son service.

« C'est ainsi que je l'ai jugé, reprit le
pharmacien, dès la première fois que je l'ai
vu ; j'ai presque été tenté de ne pas accepter
sa pièce, pour ne pas le priver un seul instant
de la possession de cette espèce de relique;
mais, réflexion faite, je me suis dit qu'on est
souvent trompé par les physionomies, et
que s'il était réellement un jeune homme de
cœur, comme il le paraissait, il serait toujours temps, lorsqu'il viendrait retirer sa
pièce, de refuser son argent, ou de lui témoigner d'une manière quelconque l'intérêt
qu'inspirait sa bonne conduite. Maintenant
que je le connais, je vous promets de ne pas
le perdre de vue, et de ne négliger aucune
occasion de lui être utile.

— Je vous remercie pour Petit-Pierre et
pour moi, dit Jacques Leblond, et vous prie

de recevoir mes civilités. » Et il s'éloigna
pour aller chez Pietrelli.

Deux heures après, il ramena à Petit-
Pierre un gros et fort garçon de treize à quatorze ans, aux épaules carrées et faites pour
porter les bretelles des crochets ; puis il fit
ses adieux à Petit-Pierre, et le lendemain,
de grand matin, il se mit en route.

Le nouveau compagnon de Petit-Pierre se
nommait Gaspard ; il était des environs de
Bonneville, et il avait déjà exercé pendant
deux ans le métier de ramoneur ; mais il
avait grandi si rapidement depuis quelque
temps, entre treize et quatorze ans, qu'il
était devenu tout à fait incapable d'exercer
cette profession. Pietrelli avait donc résolu
d'en faire un commissionnaire, et d'abord un
décrotteur. Le pauvre garçon n'était guère
capable de faire autre chose ; il n'avait aucune instruction, et son intelligence était des
plus bornées. Mais il était bon, docile, ha-
bitué à une obéissance passive ; et comme il

trouva dans Petit-Pierre des égards et un traitement bien différent de celui que lui faisait souffrir Pietrelli, il s'attacha à cet enfant, quoiqu'un peu plus jeune que lui, avec tout le dévouement et la docilité d'un chien pour son maître.

Cependant le pharmacien n'oublia pas la promesse qu'il avait faite à Jacques Leblond. Il employa souvent Petit-Pierre, et, charmé de son intelligence, de sa discrétion et de sa probité, il lui confia plusieurs fois des commissions délicates qu'il remplit de la manière la plus satisfaisante. Il le fit travailler aussi dans son laboratoire, et il trouva qu'il avait des dispositions à devenir un apprenti droguiste, même un élève en pharmacie, si on voulait le diriger dans cette partie.

Il le chargeait fréquemment du recouvrement de ses notes, et jamais il n'avait commis la moindre erreur dans ses recettes. Un jour, il l'envoya porter une somme de quatre cent quarante-trois francs et quelques centimes chez un droguiste de la rue des Lombards. L'appoint de cette somme se composait de deux pièces d'or et de menue monnaie ; le surplus était en billets de banque de cent francs. Petit-Pierre compta exactement la monnaie ; mais il prit les billets de banque des mains du patron sans les vérifier, et il se rendit aussitôt rue des Lombards. Chemin faisant, il s'avisa de compter les billets, et il s'aperçut avec surprise qu'il y en avait cinq au lieu de quatre ; il remit le cinquième billet dans sa poche, et, le paiement effectué, il revint en toute hâte rapporter le billet de trop au pharmacien. Quand il arriva dans la boutique, le patron était absent ; Petit-Pierre raconta au premier commis ou au premier élève, comme on dit, ce qui venait de lui arriver, et il lui remit le billet, pour le rendre au patron. « Bah ! lui dit le jeune homme, tu aurais dû le garder ; personne ne s'en serait aperçu. »

Petit-Pierre regarda l'élève d'un air

étonné, comme s'il n'eût pas compris, et, après un instant de silence, il lui dit en souriant : « Vous ne parlez pas sérieusement, et vous voulez vous moquer de moi?

— Pas du tout, reprit l'autre; je t'assure que je parle très-sérieusement, et je répète que tu aurais dû garder ees cent francs, ear jamais le patron ne se serait aperçu qu'ils lui manquaient.

— Et quand même il ne s'en serait pas aperçu, est-ce que ces cent francs m'en auraient plus appartenu pour cela?

— Certainement : c'est comme une pièce d'argent ou un bijou ou un billet de banque que tu trouverais dans la rue : est-ce que tu ne le garderais pas pour toi? est-ce que cela ne t'appartiendrait pas?

— Mais non, non, cela ne m'appartiendrait pas, et je me garderais bien de me l'approprier; car ce serait un vol.

— Mais enfin, si tu ne connaissais pas la personne qui a perdu ces objets?

— Dans ce cas, je garderais ces objets jusqu'à ce que j'eusse découvert le propriétaire ; et si, après bien du temps et bien des efforts, je n'avais pu le trouver, je consulterais des hommes sages, mon confesseur, par exemple, pour savoir ce que je dois faire de ma trouvaille.

— Allons, c'est bien, mon garçon ; je remettrai le billet au patron quand il rentrera, et je lui ferai part de ta bonne action ; tu peux compter qu'il la récompensera.

— Et pourquoi me récompenserait-il ? il ne me doit que la course d'ici la rue des Lombards, et rien de plus. »

Lorsque le pharmacien rentra, son élève lui remit le billet, en lui racontant sa conversation avec Petit-Pierre.

« Vous avez eu grand tort, dit le patron, quand il l'eut écouté jusqu'au bout, de parler ainsi à cet enfant.

— Mais c'était pour l'éprouver.

— Mauvais moyen que vous avez em-

ployé là : pourquoi éveiller dans l'esprit de
cet enfant une idée à laquelle il ne pensait
pas? Pourquoi le tenter, en lui disant qu'il
aurait dû garder cet argent parce qu'on ne
se serait pas aperçu de sa perte? Sachez,
Monsieur, que rien n'est plus dangereux
que de tenter quelqu'un; c'est le rôle du
mauvais esprit, et un honnête homme ne
doit jamais y recourir. Vous deviez l'ac-
cueillir simplement, comme n'ayant fait que
son devoir et une action toute naturelle;
vous auriez pu même lui dire que cela devait lui servir de leçon, afin qu'une autre
fois il vérifiât les sommes qu'on lui confie
avant son départ, car cela peut avoir des
conséquences désagréables. Vous avez eu tort
enfin de lui parler de récompense de ma
part; c'est lui donner à entendre que ce
qu'il a fait est une action rare, extraordinaire, que l'on doit encourager par des ré-
compenses, tandis qu'il doit rester persuadé
qu'il n'a accompli qu'un devoir fort simple.

Cependant mon intention est de le récompenser ; mais je me garderai bien de lui dire que c'est pour m'avoir rapporté fidèlement de l'argent que je lui avais donné en trop. »

Quelques jours après le petit événement que nous venons de raconter, le pharmacien fit appeler Petit-Pierre, et lui dit que son domestique étant sorti, il le chargeait de cirer une paire de souliers dont il avait besoin immédiatement. Petit-Pierre acquiesça avec empressement à cette demande, et au bout de quelques minutes il rapporta les souliers cirés de son mieux.

« Tiens ! dit le pharmacien en regardant, de quel cirage te sers-tu donc pour vernir tes chaussures ?

— Mais, Monsieur, c'est le cirage dont se servent tous les décrotteurs du quartier : les uns le fabriquent eux-mêmes ; les autres, comme mon cousin, l'achètent chez un marchand près des Halles, qui en fournit à beaucoup de nos camarades.

« — Eh bien ! mon ami, ce cirage ne vaut rien, et il ne peut que brûler la chaussure et lui donner un mauvais vernis. Tiens, prends cette petite boîte ; fais-en usage aujourd'hui sur toutes les chaussures que tu auras à nettoyer, et demain tu m'en diras des nouvelles. »

Le lendemain, Petit-Pierre vint trouver le pharmacien ; il lui dit que son cirage était excellent, et que tout le monde lui demandait où l'on pourrait s'en procurer de semblable ; seulement on pensait qu'il devait être fort cher.

— Eh bien ! mon ami, répondit le pharmacien, il n'est pas plus cher que d'autre ; il pourrait même l'être moins, si on le fabriquait en grand. Écoute, j'ai une proposition à te faire ; je te donnerai, si tu le désires, la recette de ce cirage, et je t'apprendrai la manière de le fabriquer ; mais à condition : 1° que tu ne communiqueras à personne cette recette ; 2° que tu pren-

dras chez moi, ou chez les droguistes que
je t'indiquerai, les matières qui entrent
dans la composition de ce cirage; 3° que
tu le manipuleras toi-même dans mon laboratoire, jusqu'à ce que tu sois parvenu à le
faire d'une manière convenable; 4° enfin,
que tu le vendras en boîtes ou en petits
pots de grès, que je me charge de te four-
nir dans les commencements, avec des éti-
quettes imprimées portant le titre *Nouveau
Cirage.* Tu vois que nous serons en quelque
sorte associés; mais je ne veux pas que mon
nom paraisse, ni même que l'on soupçonne
que je suis pour rien dans cette affaire, car
tu comprends qu'il serait du dernier ridicule
qu'un pharmacien passât pour un fabricant
ou un marchand de cirage. »

Cette proposition frappa tout d'abord
l'esprit de Petit-Pierre; elle réveilla en lui
les idées de commerce, de trafic et d'industrie qu'avait fait naître déjà son séjour
auprès de Jacques Leblond. Il accepta avec

enthousiasme l'offre du pharmacien : seulement, comment pourrait-il s'arranger avec
le cousin Hubert?

« Rien de plus facile, reprit le pharmacien ; tant qu'il sera malade, tu continueras,
avec ton aide, à cirer les bottes et les souliers de l'hôtel et des passants ; tu lui diras
qu'on t'a chargé de la vente d'un nouveau
cirage dont on est très-satisfait, et tu ne lui
feras pas payer celui que tu emploieras
pour son usage ; cela le contentera, et il
n'en demandera pas davantage. Quant à
ton ancien patron Jacques Leblond, tu pourras lui parler plus ouvertement : c'est un
brave homme et qui t'aime bien ; quand il
reviendra à Paris, je te recommande expres-
sément de me l'envoyer ; nous causerons
ensemble de cette affaire, et j'espère que
nous nous entendrons. »

Petit-Pierre se mit immédiatement à la
besogne. Grâce aux conseils du pharmacien,
il parvint en peu de temps à fabriquer un

cirage merveilleux, comme il n'en existait
pas dans Paris. Les boîtes, les petits pots
qu'il mit en vente, d'abord en petite quantité, s'enlevèrent rapidement, et il ne pouvait suffire aux demandes qu'on lui adressait. Il commençait à être embarrassé de
ce succès, lorsque Jacques Leblond arriva
du Berri. Hélas! son voyage n'avait pas été
heureux. *Bellotte*, déjà malade depuis quelques mois auparavant, était morte à Châ-
teauroux. On lui avait volé une partie de
son argent dans une auberge, et il avait été
forcé, pour revenir à Paris, de vendre à vil
prix sa charrette et le reste de ses marchandises.

Ces revers ne l'avaient point abattu. Nous
l'avons dit, Jacques Leblond était un homme
religieux; il accepta avec résignation cette
épreuve, et se disposa avec courage à répa-
rer ses pertes. Il revenait donc à Paris, où il
avait quelques fonds de placés, pour les retirer et recommencer à travailler sur nouveaux

frais. Ce qui le chagrinait le plus, c'est que maintenant, étant hors d'état de donner autant d'extension à ses affaires, il ne pourrait plus se charger de Petit-Pierre, du moins pendant un certain temps.

Petit-Pierre, en apprenant ces nouvelles, ne put retenir ses larmes ; cependant, lorsqu'il eut raconté à Jacques ce qui lui était arrivé depuis son départ, et notamment ses relations avec le pharmacien, qui désirait s'entretenir avec lui à son sujet, Leblond sentit comme un vague espoir lui revenir au cœur. Il se rendit immédiatement chez ce brave homme, et après une conversation de plus d'une heure qu'il eut avec lui, il en sortit l'esprit calme et le sourire de l'espérance aux lèvres.

En retournant près de Petit-Pierre, Jacques Leblond l'embrassa avec effusion, en lui disant :

« Mon garçon, tu as trouvé dans l'homme que je quitte un ami et un protecteur qui fera ta fortune ; je ne te demande plus si tu veux être mon employé ou mon commis, je te demande si tu veux bien m'associer à ton commerce. »

Jacques Leblond, d'après les explications du pharmacien et les premiers essais de Petit-Pierre, avait compris tous les avantages qui pouvaient résulter de l'exploitation sur une grande échelle du procédé de fabrication de cirage qu'il avait enseigné à son protégé. Se trouvant maintenant dans l'impossibilité de reprendre son commerce comme autrefois, il résolut d'employer une partie de ses fonds à seconder Petit-Pierre dans sa nouvelle entreprise. Celui-ci, comme on le pense bien, fut enchanté de cette résolution, à laquelle ne s'opposa point Hubert, qui venait de sortir de l'hôpital, parfaitement guéri, et qui accepta sans difficulté pour apprenti le jeune Gaspard, parce qu'il était beaucoup plus grand et plus robuste que Petit-Pierre.

Jacques Leblond loua d'abord à Batignolles un petit emplacement où Petit-Pierre, secondé par Jacques et par un et quelquefois deux ouvriers, se livra avec ardeur à la fabrique. Jacques allait ensuite en porter les produits dans les endroits où il était à peu près sûr d'en trouver le placement ; puis il en mit en dépôt chez un grand nombre d'épiciers et d'autres marchands ; il en adressa ensuite à quelques-uns de ses correspondants de province, et partout le cirage de Reboul reçut fort bon accueil.

Nous n'avons pas intention de suivre pas à pas les progrès de cette fabrication. Nous dirons seulement que, grâce aux conseils de son protecteur et aux connaissances théoriques et pratiques qu'il sut acquérir, Petit-Pierre perfectionna de plus en plus ses procédés, de manière à pouvoir rivaliser avec les plus beaux cirages anglais, et même à les surpasser. Il obtint plusieurs médailles d'encouragement à diverses expositions, et aujourd'hui M. Reboul compte au nombre des plus riches et des plus honorables négociants de la capitale. Il a épousé, il y a une dizaine d'années, la nièce et l'unique héritière de Jacques Leblond, son ancien patron, devenu son associé. Ses deux cousins, Victor et Emmanuel, au lieu de succéder à Hubert comme commissionnaires, sont employés dans la maison Reboul et Leblond, en qualité l'un de caissier et l'autre de commis voyageur.

C'est Gaspard qui a hérité des crochets du cousin Hubert. En apprenant cela, le Grand-Pierre, quoique-heureux de la fortune brillante de son neveu et de la position de ses deux fils, s'est écrié : « C'est pourtant dommage qu'une si bonne place de commissionnaire soit sortie de la famille ! »

FIN

TABLE

6883. — Tours, impr. Mame.

www.ingramcontent.com/pod-product-compliance
Lightning Source LLC
Chambersburg PA
CBHW071952110426
42744CB00030B/880